アメリカ帝国衰亡論・序説

中西輝政

プロローグ――覇権国・アメリカの「終わりの始まり」

トランプ現象は覇権大国アメリカの「断末魔の悲鳴」である

この本を構想した二〇一七年初頭の時点で、私がアメリカのドナルド・トランプ政権誕生に抱いた感想は、その後、日を経るにつれて強くなり、半年をすぎた現在、動かしがたいものになっています。

世の多くの識者たちの予想を、完膚なきまでみごとに裏切って、トランプ大統領が生まれ、早くもその前途が危ぶまれるさまざまな政策を繰り出している――この現象の意味するものは一体、何なのでしょう。この異常とも見える〝トランプ現象〟の本質を、あえて一言で言うとしたら、どうなるでしょうか。

私はこの現象は、少し長期的な視野で見れば、冷戦後、世界で唯一の覇権国であったアメリカの「断末魔の悲鳴」、控え目に言っても〝パクス・アメリカーナ（アメリカによる平和と繁栄、またはアメリカ全盛時代）〟の歴史的な「終わりの始まり」だと思いました。

アメリカの「断末魔」とは何でしょう。それはまずアメリカ経済の面から、そしてもっと広くアメリカの文化・文明の面からも指摘できます。

アメリカやイギリスの経済に関する思想は、「新自由主義」が基本でした。これは、いわゆるアングロ・サクソン型の自由な市場経済を一切の制約なく発展させれば、自ずから公平な社会が実現するであろうという大変に楽観的な思想です。

すなわち、市場経済を全面的に信頼すればすべてうまくいくという考えです。グローバル化が進んだ結果、とくにアメリカは、伝統的な文化を持っていない国であり、国民全体が移民であるとも言える国家であるがゆえに、自由競争をよしとして発展してきた国です。

しかし、それによって、アメリカの中産階級の人々に大きな不満が生じることになりました。自由競争の結果、当然ながら一部の層が大きな富を手に入れ、中産階級の多くが窮乏化して発展から取り残されてしまったからです。

トランプ現象は、こうしたアメリカの現状がさらに進むのではないかと考え、かつてなく多くの人々が転がり始めた坂道に悲鳴を上げ、必死になってそれを食い止めようとして起こった現象と言えそうです。極端な言い方をすれば、古きよきアメリカが「断末魔の悲鳴」を上げているのです。

トランプとオバマの意外にして当然な共通点

つまり、トランプ現象が起きる予兆はすでにあったということになるでしょう。中産階級の変化への渇望は、何年も前から起きていたということです。トランプは、こうした不満を強める白人労働者層に同調することで、選挙に打ち勝ったのです。

しかし、これは、私に言わせれば成熟しきった古い経済大国の「悪あがき」に過ぎず、アメリカがこのまま衰退していく流れを止めることはできません。とはいえ今回、衰退を自覚した瞬間のアメリカ国民の驚きとショックと幻滅と怒りは大きいものがありました。

このように、アメリカ国民が感情的に爆発状態になっているところにトランプが大統領候補として登場しました。無礼な暴言や侮辱的な言葉で相手を挑発し、政治的には無知をさらけ出したトランプの登場に、アメリカ国民は奇妙奇天烈な毀誉褒貶相半ばする激しい反応を示しました。

しかしトランプは、これらの挑発的な手法でヒラリー・クリントンに打ち勝ったのです。その言動から、トランプはよく、新自由主義経済を推し進めたロナルド・レーガンに擬せられることが多く、「レーガンの再来を狙っている」と思われています。

レーガノミクスのように、大々的に減税し、公共事業を推進して、国内での雇用を増やし、さらに少しは軍拡もして、などと言っています。そういう意味では、たしかに「レーガンの再来」というキャッチフレーズが当たっているように思われます。

ところが、じつは、ヒラリーが言っていることと、トランプが言っていることのどこに違いがあるかといえば、本質的にはそれほど違っているわけではないのです。つまり、その意味では意外にもトランプは「バラク・オバマの後継者」なのです。

それは、世界が混乱の度を増しているのに、あるいはそれゆえに、アメリカが全体として内向きへ、内向きへと変わっている姿として、オバマとトランプの間には、じつに明瞭な連続性が浮かび上がるということです。

これは、党派もまったく正反対の、彼ら二代の大統領が、アメリカの衰退にもがき苦しんでいる姿としてぴったり重なっており、トランプは形式上の後継者であるという意味を超えて、内面的、政策的、実質的に、そして歴史的にもまさに「オバマの後継者」であるということなのです。一般に両者の間には非常に大きな断絶があるという見方が大半ですが、私は逆に極めて明白な共通性を見出すのです。

そしてこの二人の共通点は、大きな歴史的観点からの、アメリカ帝国の衰亡への道をはっきり示しているという点にあるのです。

アメリカの歴史的末路は、誰が大統領になっても変わらない

話は少し変わるのですが、日本人はどうもアメリカのこととなると、何となく論じ方が軽いというか、浅いところで終わってしまう傾向があるようです。

アメリカは、日本やヨーロッパ、あるいは中国やインド、中東のような古い歴史や伝統を持たない国です。日本人は、自らと同じくそうした古い文化、文明の国々には無意識にその国の本質を深く見つめようとするのですが、アメリカという国を見るときは、どこに目をつけたらよいのか、いまだによくわからないまま、生のニュースだけで判断しがちになります。ですから、見方がどうしても表層的になりがちです。

大統領についても、その個人の個性とか、その掲げるキャッチフレーズのみを捉えて判断材料にしてしまいます。まるで、ハリウッド映画のキャッチコピーを見るように、表面を見ただけで理解したような気持ちになってしまうのでしょう。

しかし、それで事足りていると思うと、大きく見方を誤ることになります。もう少し深く、アメリカという国の本質を考えていけば、オバマであろうと、ヒラリーであろうと、はたまたトランプであろうと、見なければならないところは同じです。

まず、どこの国でも、新しい大統領には、前時代に抱え込んだ大きな矛盾を解決しなければならないという問題がつきつけられているのです。

もちろん、その解決の仕方は少しずつ違っています。しかし、本質的に見て、今のアメリカがどんなところに来ているかについては、少し長期的な視点を持つなら、誰であれ同じ問題意識を持たざるを得ないでしょう。

つまり、誰が大統領になったとしても、アメリカがたどる大きな歴史の道は変わらないということです。繰り返しますが、その道筋とは、端的に言ってこのアメリカという大国がかつて経験したことのない「衰亡への道」、帝国としての「終わりに向かう道」ということです。

もちろんその「帝国の終わり」に向かう道程はまだ入口、つまり「終わりの始まり」ではありますが、方向は確実に衰亡に向かっている、したがってその衰亡を序論的に論じたいというのが、本書に『アメリカ帝国衰亡論・序説』と銘打った理由です。

言ってみれば、アメリカの歴史を作っていくという舞台の上で演じ、踊る役者を誰にするかを決めようというのが、大統領選挙です。あらすじもシナリオも決まっている芝居の主役を誰にしようかということです。

ですから、日本人である私たちが、今すべきことは決まっています。それは、この芝居のあらすじが、どういう内容になっていて、どういう結末を迎えることになるのかを、今までのように、表面的なイメージから読み取るのではなく、正確に深く知ることです。

ここまで深い同盟関係を結んでしまった日本です。アメリカがこれから歩んでいくであろう「衰亡のシナリオ」を推し量ることで、日本の進むべき道が決まると言っても過言ではないからです。

平成二十九年八月

中西輝政

アメリカ帝国衰亡論・序説

目次

プロローグ——覇権国・アメリカの「終わりの始まり」

衰亡のシナリオ1
北朝鮮危機に隠されたトランプ・アメリカの「悪あがき」

衰亡のシナリオ2

トランプで加速する、アメリカ自滅の「三つの大罪」

衰亡のシナリオ3
トランプの孤立主義は建国の理念を裏切る

衰亡のシナリオ4
アメリカに潜む階層・差別の矛盾を露呈するトランプ

衰亡のシナリオ5
失敗した「アメリカ化」と、アメリカ・ファーストの行方

衰亡のシナリオ6
〝グレイト〟宣言は、もはやグレイトたり得ないアメリカの窮状

衰亡のシナリオ7
〝パクス・トランピアーナ〟の虚妄

衰亡のシナリオ8

中ロの圧力に屈し、イギリスとともに「離脱」に向かう罠

エピローグ――アメリカ衰亡の時代に備え、日本の生きる道を考えておくこと

装幀　多田和博
カバー写真　Joseph Sohm／PPS通信社
協力　㈱アイ・ティイ・コム
DTP　美創

衰亡のシナリオ1

北朝鮮危機に隠されたトランプ・アメリカの「悪あがき」

北朝鮮のミサイルで騒いでいる場合ではない

覇権国・アメリカ衰亡の象徴としてのトランプ政権が、その兆候を示す数々の事象の中で極めつきと言えるのが、北朝鮮危機への対応でした。

二〇一七年の四月は、北朝鮮の核・ミサイルによる脅威に日本中が振り回された感がありました。しかしじつは、日本はすでに大局が見えている「北朝鮮危機」にかまけていてはいけないのです。

もちろん、北朝鮮をめぐっては今後も抑止の破綻や偶発的な衝突の危険も、なくはないでしょう。また「北の危機などから騒ぎに過ぎない」と決めつけ、〝狼少年現象〟につながるようなことがあってはなりません。

しかし、日本の存立をより大きな視野で見るならば、北朝鮮をめぐる危機の陰で、日本にはもっと警戒を要する、さらに深刻な脅威が深まっていることを見落としてはならないのです。

それにしても、四月から一カ月にわたり、北朝鮮をめぐって日本国内に満ち溢れた危機意識には、かつてない珍しい傾向がいくつか見られました。

たとえば、日本のリベラルな識者の中には、トランプ大統領が北朝鮮に攻撃を仕掛け、これに対し北朝鮮が核ミサイルで日本に反撃するのではないか、と本当に恐怖に震えた人も多かったようです。

ところが五月になると、彼らも憑き物が落ちたかのようにパタリと静かになり、あとは「共謀罪反対」とか「憲法守れ」とか、またいつものように元気を回復しつつあります。それならあれは一体、何だったのでしょう。

いずれにしても、今回の北朝鮮をめぐる騒動は、「四月危機」という言葉がピッタリだと思います。

そして、この「四月危機」の本質を突き詰めていくと、今や世界秩序が、「アメリカの衰亡」を軸にした大きな歴史的な移行期に入り、その現れとして危機のあり方や秩序そのものが、リアルから〝バーチャル〟に移行しつつあるように思います。

〝パクス・アメリカーナ〟のなれの果ての「ニセ秩序」

核とミサイル以外、何も持たない北朝鮮が、劇画のような映像で世界を脅かし、他方、発足直後から多くの疑惑で大揺れになっているトランプ政権のアメリカによる、突然の北朝鮮への「先制攻撃」シナリオが取り沙汰されました。

これはやはり、世界の秩序のあり方が、これまでの〝パクス・アメリカーナ〟から、「劇場化」が行きついた、何でもありの〝パクス・フェイク（見せかけの世界秩序）〟に変化してきたことの現れではないでしょうか。

これまで、覇権国・アメリカのリアルな力による世界秩序が続いてきたのですが、そのアメリカの力と意志がここに来て弱まってしまい、「アメリカによる平和」は今や「見せかけ」に堕しつつあります。

そして、その〝裸の王様〟になりつつあるアメリカの覇権が、いわば見せかけだけで世界を動かすようになってきました。

その意味では、今回の「四月危機」は、それなりの迫力を持って、〝パクス・トランプ手品〞よろしくブラフを多用し、見せかけを仕掛けたということで、「トランプ危機」の第一幕だったと言ってもいいでしょう。

しかし、実行できないエンプティ・ブラフ（コケ脅し）ほど危険なものはありません。アメリカの対北政策は、じつは大きな曲がり角に来ているのかもしれません。

北朝鮮問題・三つの可能性

アメリカによる北朝鮮への先制攻撃がまことしやかに噂されるようになった、二〇一七年三月下旬、私は東京で開かれた保守派の先生方の会合にゲストとして招かれました。そのとき、ある出席者から、「中西先生は、アメリカの対北攻撃はいつ始まるとお考えですか？」とたずねられました。

それは、「Whether（攻撃があるかどうか）」ではなく、端的に「When（いつ攻撃があるのか）」といわば既定の話のような質問でした。

そこで私は答えました。

「アメリカによる北朝鮮への先制攻撃は、あり得ない話ですよ。アメリカは、これまで核を持っている国に対して攻撃をしたことはありませんから」

そう申し上げると、居並ぶ保守派の先生方は、一瞬にして白けてしまいました。中には、私が京都へ帰る新幹線の時間が気になって真面目に答えていない、と思われた方もいたかもしれません。

今回の「四月危機」を見ていて、日本では左も右も、その政治的立場を問わず、ある種のセンセーショナリズムに振り回されました。国際関係の基本構造をしっかり踏まえた議論が大きな声にならず、広まりもしませんでした。

私は、今回の「四月危機」に限らず、そもそも北朝鮮問題の大局的な方向として、理論的には次の三つの可能性しかないだろうと考えてきました。

【可能性1】核戦争も含めた武力衝突

核戦争に発展しかねない、あるいは、核戦争一歩手前の大規模な戦争になる可能性も含めてのあり得るシナリオです。

これについては、今回日本では、あたかも「これしかない」かのように、盛んに論じられました。また、それよりも規模は小さくなりますが、「ピンポイント攻撃」や「斬首作戦」といわれる金正恩暗殺計画、三十八度線を挟んでの交戦なども、北の核問題シナリオの「仮想ではない現実」の可能性として盛んに語られました。

【可能性2】アメリカと北朝鮮の正式な直接交渉

一応、米朝直接交渉の前には、北朝鮮の核放棄が「前提」にならなければなりませんが、じつはトランプ・金正恩首脳会談の実現につながる、正式な米朝直接交渉へ向けた水面下の動きが昨年末からずっとありました。

さらに言えば、北朝鮮が核兵器を持ったままでの、米朝首脳会談が行われる可能性も、以前からアメリカの政府系識者の中には言及する人がいました。

現に、北朝鮮を「核保有国」と認めたうえで、米朝の直接交渉を有力な選択肢の一つと考えるアメリカの元国防長官や元国務次官補が何人もいます。

この二つのいずれかが北の核問題解決の理論的なシナリオなのですが、あえてもう一つ付け加えると、次の可能性もあるでしょう。

【可能性3】北朝鮮国内でクーデターが起き、金正恩政権が倒れる

しかしこの場合、金政権が倒れたあとの体制がうまくできるか、核兵器をどうするかなどの問題があります。クーデターのシナリオは、現状ではかなり見通しが厳しいとされます。

実際、【可能性1】のピンポイント攻撃や斬首作戦を実行しようとしても、攻撃対象の施設や金正恩がどこにいるのかを、予め正確に特定するのは極めて難しいでしょう。

二〇一一年、アメリカの海軍特殊部隊がウサマ・ビン・ラディンを仕留めることができたのは、潜伏していたパキスタンが、表面上はアメリカの友好国であり、アメリカのスパイが多数潜入している特殊部隊が町々に配置され、アメリカが実質的な制空権を握っていたからです。

それを北朝鮮でやって、万一失敗すれば、北朝鮮はすぐさま反撃に出るでしょう。

よく言われるように、北朝鮮は、休戦ライン（三十八度線）に沿って並べている何百門という長距離砲やロケット砲を、一斉にソウルに向けて撃ち込んでくるはずです。

休戦ラインからソウルまでは最短距離で約四十数キロ。長距離砲の射程は三〇～四〇キロメートル以上あると言われています。ソウルから仁川（インチョン）にかけては、韓国の人口五一〇〇万人のうち、約半数が住んでいます。

そのエリアは北朝鮮の射程に入っているので、北朝鮮の反撃で韓国の数百万人の命が危険にさらされる恐れがあります。北朝鮮は「ソウルを火の海にする」としきりに威嚇しているので、少なく見ても何百万人もの死者が出るとされています。

韓国が、そんな戦争のGOサインを出すわけがありません。おまけにこの地域には、在韓アメリカ軍やその家族もいるので、アメリカ人にも多数の犠牲が出る可能性があります。つねに「弾劾の危機」にさらされているトランプ政権が、そんな犠牲に耐えられるわけがありません。

イラクでサダム・フセインを探し出せたのは、すでにアメリカがイラク全土を占領していたからですし、リビアの最高指導者カダフィが殺害されたのは、NATOの空爆によって国が完全に破壊されていたからです。

アメリカ軍が、同じような作戦を北朝鮮で実行しようとしても、あいまいな情報しかないなか、中東のように容易に特殊部隊が潜入できる状況とは思えません。

アメリカの「危機情報撒布」に騙されるな

じつは、二〇一六年秋あたりから、「斬首作戦」という言葉がしきりにメディアで報じられるようになりましたが、私は「変だな」と思っていたのです。

そうこうするうちに、二〇一七年の一月初め、アメリカ本土にまで届くＩＣＢＭが完成直前だと、金正恩自らが声明を出しました。そこから米側で一連の「情報撒布（さんぷ）」が始まりました。

そして、こういう「インフォメーション・キャンペーン（情報戦）」が年初来、ワシントン発で一、二カ月続きました。これこそ、ペンタゴン（米国防総省）お得意の「戦略的コミュニケーション」、つまり、近年アメリカの世界戦略の新方針である〝パクス・フェイク〟の発露だったのかもしれません。

たとえば、米国発の報道に関する限り、「四月危機」の一つの山場を作ったのは、アメリカの原子力空母「カール・ヴィンソン」の北上情報でした。四月八日、アメリカ太平洋軍は、この空母を中心とする空母打撃群が北朝鮮付近の海域へ向かって急速北上中、と説明しました。

それを受けて、世界中のメディアが「アメリカが北朝鮮を攻撃する」と報じ、日本のメディアはこぞって「早ければ四月十五日に到着し、攻撃態勢に入る」と煽りました。中には「カール・ヴィンソンは北上の途中、尖閣諸島周辺の東シナ海で海上自衛隊と共同訓練する」とまで報じる向きもありました。

しかし実際には、同艦の北上が発表されたとき、カール・ヴィンソンははるか彼方、南太平洋ないしインド洋で、オーストラリア軍と演習を行うため南下していました。同艦がインドネシアのスンダ海峡を通過したのが四月十五日。

その後も、なぜか南シナ海を避けて、フィリピンの東方海上を通り、さらに東シナ海にも入らず、太平洋上で海上自衛隊などと共同訓練を行って、ようやく対馬海峡にたどりついたのは四月二十九日でした。

のちに、ワシントンの報道官は、「自分は、空母が向かっている方向までは言っていない」と言い訳をしましたが、「空母は北上」という情報が世界に伝わったのは事実です。あえてミスリードし、情報をねじ曲げた誰かがいたようです。

こういう情報に意図的に細工を施すのを、イギリスでは「戦略的偽騙情報（ディセプション）」とか「政治戦争」と言いますが、アメリカでは「戦略的コミュニケーション」という民間用語を——ペンタゴンは今はやめたと言っていますが——使っているようです。

「キューバ危機の再来」と騒いだ菅元首相

ところが、日本では今回、一見してガセネタと思えるさまざまな情報が、大メディアからネット空間まで、しかも左右を問わず、その立場とは関係なく、一律に人々の危機感を煽っていました。とくに新現象として、リベラルなメディアのほうが、その傾向は強かったように思います。

一番滑稽だったのは、菅直人元首相です。ブログに次のように書き込んでいます。

北朝鮮情勢が緊迫している。1962年ソ連がキューバへ核ミサイルを配備しようとした時の「キューバ危機」に似ている。アメリカはミサイルを積んだソ連の輸送船がキューバに向かうのを阻止するためにキューバを海上封鎖した。キューバ危機は米ソの核戦争の危機だった。(中略)

北朝鮮がアメリカの警告を無視して核実験やミサイル実験を強行した時、トランプ大統領は軍事行動に出る可能性がある。戦争が日本に波及する可能性もあり、日本にとっても大きな危機だ。

ネットでは、「菅直人はいつからこんなにタカ派になったのか」「本気で怖がっている」などと話題になりました。東日本大震災の直後に起きた東京電力福島第一原子力発電所の事故でオタオタしたのと同様、今回の危機を、自分の身に降りかかる災害と捉えているかのようですが、菅直人氏が首相でなくてよかったと思います。

今までもこれからも、アメリカは北朝鮮を攻撃できない

北朝鮮における危機を、歴史的背景を踏まえて冷静に判断すると、今回のアメリカ軍の態勢では北朝鮮を攻撃しないし、とてもできないと思います。

シリアのように、巡航ミサイル・トマホークを撃ち込んで、あとは知らんぷりでは済まないのです。戦力分析しても、カール・ヴィンソンなどの空母打撃群の一つや二つではどうにもなりません。

周知のようにアメリカは、クリントン政権時代の一九九四年、核兵器開発を進める北朝鮮に対して、空爆によるピンポイント攻撃を真剣に考えたことがあったとされています。

当時、シミュレーションをしたところ、最悪のシナリオでは「戦争が勃発すれば、開戦九〇日間で、五万二〇〇〇人の米軍が被害を受ける。韓国軍は四九万人の死者を出す。戦争費用は六五〇億ドルを超える……」というものでした。

在韓米軍司令官の予測はさらに大きく、「米国人八万～一〇万人を含め、民間人には一〇〇万人の死者が出る」というものでした。

それでも、将来のアメリカの危機を未然に防ぐために、クリントン大統領はピンポイント攻撃を検討したとされていますが、訪朝中のカーター元大統領から「金日成（キムイルソン）主席が核開発の凍結を受け入れた」と連絡があり、攻撃は中止されたと言われています。

また攻撃中止に関しては、当時の韓国・金泳三（キムヨンサム）政権が北朝鮮攻撃に反対したからだとも言われています。

当時、クリントン政権の国防長官だったウィリアム・ペリー氏は、この危機を直接経験した者として、「リアルな危機だった」といまだに恐ろしげに語っています。

しかし言い換えると、あのときでさえ、アメリカは攻撃できなかったのですから、核兵器を持っている現在の北朝鮮に対して、先制攻撃できるわけはありません。

しかも当時は、周辺諸国の中国やロシアに対して、アメリカの軍事力が優位だったにもかかわらず、アメリカは逡巡したのです。現在の中国、ロシアの軍事力は、当時よりもはるかに高水準にあります。

今後アメリカが北朝鮮に対して取り得る現実的な選択肢としては、まずは北朝鮮の核開発を現状レベルで凍結させるというものしかありません。

今回、北がとりあえず核実験を先延ばししているかのように見えるのは、トランプのアメリカと習近平の中国が、力を合わせて――じつは、後述する通り、この米中協調こそが日本にとって最大の脅威なのですが――北朝鮮の抑え込みを図り、それが功を奏し始めているからかもしれません。

実際、北朝鮮は核実験をやっていないし、ＩＣＢＭの発射実験も、高度二〇〇〇キロにまで達する中距離とされるミサイル発射を五月十四日に実行しただけです。ただし、北朝鮮の出方によっては、今後も偶発的に米朝の衝突が始まり、場合によると大規模な戦争に発展する可能性がないとは誰も言い切れないでしょうが。

「トランプは乱暴な奴だ」と思わせる情報操作

それでは、とりあえずの目的が米朝間の交渉による核開発の凍結しかないと考えられるのに、なぜ逆に一触即発を想像させるような「四月危機」が起きたのでしょうか。

それは、前述の通り、かつてない高度の「ポリティカル・インフォメーション・ウォーフェア（情報戦争）」が米朝双方によって仕掛けられていたからだと思います。

少し文脈はそれますが、ロシア軍の参謀本部では、これを「ハイブリッド戦争（リアルとバーチャルの混合戦争）」という用語で呼ぶことにしているそうです。

冷戦後の情報戦の時代に一番の決め手になるのは、「見せかけの情報によって、相手、つまり全世界を踊らせること」とされます。二十一世紀は、見せかけによって「リアルの秩序」が作られていきます。

しかも、リアルの秩序ができあがる前の流動化の時代では、「何でもあり」です。しかし、それで東京の地下鉄だって止まるのです。

トランプ大統領は、シリアに巡航ミサイルをぶち込んだり、〝すべての爆弾の母（MOAB）〟と呼ばれる、通常兵器としては最大級の超大型爆弾をアフガニスタンのIS支配地区で初めて実戦に使用したりと、かつての「強いアメリカが甦った」というバーチャルな印象を与えました。

そして、世界中に「トランプは乱暴な奴だ」というイメージを増幅させることに一定の成功を収めました。したがって、とりあえずの総括をすると、今や限りなく「フェイクな大統領」になりつつあるトランプが、北朝鮮で思い切って「見せかけによる情報戦争」を展開したのです。

ですから、この四月の〝フェイク危機〟は、トランプ政権の〝偉大な成功〟になることは必然だったのです。言い換えると、「リアルはバーチャルで、バーチャルこそリアル」という、それこそ〝シュールリアルな危機〟、それが「四月危機」の本質だったと言っていいでしょう。

トランプと金正恩、二人の〝マッド・マン〟の示し合わせ

トランプが大統領に選出されたのが、二〇一六年十一月八日。その直後から、トランプ次期政権と北朝鮮当局との接触が始まっています。北朝鮮外務省の崔善姫（チエソンヒ）北米局

長が二〇一七年五月中旬、オスロに行きました。北京の空港で日本メディアに直撃された崔局長は、「ピカリング元国連大使と会いました」と明言しています。

トーマス・ピカリングは共和党系の国務省の生え抜きで、国連大使を長く務めました。湾岸戦争の武力行使決議を手配したのは、ピカリングでした。

そして、その補佐をしたのが、民主党で北朝鮮の核問題を担当したロバート・ガルーチ。崔善姫とピカリングの二人が会ったのだから、米朝の準公式会談だったのでしょう。おそらく、ICBMについて話し合ったのだと思います。

ただし、北朝鮮は、核実験をやるか、やらないかについての約束は、まだアメリカにしていないと思います。それをしたら、完全に公式の協議になります。

ということは、「四月危機」はトランプと金正恩という二人の〝マッド・マン〟が、お互いにバーチャルな示し合わせをして、暗黙の〝共謀関係〟にあったと考えられます。

それにしても、米朝とも言葉の投げ合いがすごかった。相手を罵るのは朝鮮半島の文化だと言われますが、トランプも負けじとやっていました。私たち日本人としては、

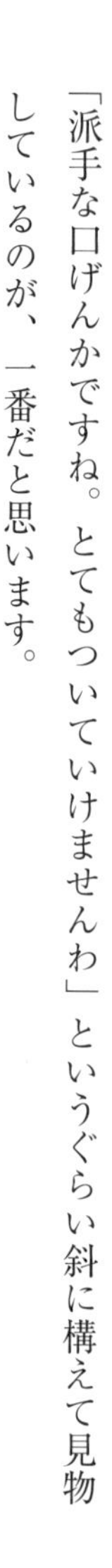

「派手な口げんかですね。とてもついていけませんわ」というぐらい斜に構えて見物しているのが、一番だと思います。

北朝鮮危機の裏側で進む、日本にとっての本当の危機

しかし、ここで私たちが見過ごしてはならないのは、「四月危機」の裏側で進行している日本の本当の危機です。

今回、北朝鮮危機をめぐって、米中関係が大きく変質してしまったことが日本にとって一番怖い、しかも「リアルな出来事」だったかもしれません。日本にとってリアルな危機は、いつの時代も米中接近なのです。

今回の米中接近は、将来、朝鮮半島問題の解決や、米中による「北朝鮮処分」が現実化することを、まざまざと見せつけているのかもしれません。

かつて朝鮮戦争で築かれた「血の同盟」よりも、今や「北朝鮮を取り締まる」という〝責任ある（次の）覇権国〟として、より大きな図柄、つまり中国による〝パク

ス・フェイク〟、いや〝パクス・シニカ（中国の覇権による世界平和）〟へと移行する可能性を世界に印象づけるのが、中国の新たな国家戦略になったように見えます。

こうして、より短期的には〝パクス・シノ＝アメリカーナ〟という米中協調による世界秩序という新たな「見せかけの世界新秩序」、あるいは米中の「新型大国関係」という名の米中共同覇権が、今誕生しつつあるのではないか。

この米中共同覇権のメカニズムのほうが、日本にとって北の核兵器よりもよほど恐ろしい脅威だと感じる政治的感覚が、日本人には欠けているのです。

もちろん核兵器が飛んでくるのは——もし本当に飛んでくるとしたら——物理的に怖いけれども、政治的な意味合いでは、いずれアメリカを圧倒するであろう中国の覇権が力を持つほうが、じつは日本という国にとっては脅威なのです。

「米中協調で北朝鮮の暴走を抑える」では甘すぎる

それなのに、この一、二カ月の日本国内の騒ぎっぷりを見ても、あるいは菅直人氏のブログを見ても、北朝鮮危機があたかも自然災害に対する危機感とまったく同じなのです。

とくに今回、リベラル派の日本人の多くが示した北朝鮮危機に対する恐れ方は、かつての反体制運動で展開された「今こそ安保廃棄」「日本は米国の戦争に巻き込まれるな」「米軍基地は出ていけ」……という伝統的な論理の裏返しだったのかもしれません。

今回の「四月危機」を見ていて、日本人の本性が出たな、と私は感じたものです。日本人は、黒船来航も元寇も、そして北の核ミサイルも、江戸の大火と同じ次元で捉えて、いずれも「自然災害」なのです。

しかし、こういうときこそ、この危機は現実化するか、あるいはしないかを、その政治的可能性と意味合いをもう少し成熟した眼で考え、予想すべきなのです。

ところが今も日本人は、目に見える物理的な危機には過敏に反応するのに、目には見えないけれど、より恐ろしい政治的な破局ということになると、途端にものを見る眼が曇ってしまう。

中には、危機が収まるなら、中国がアメリカと手を組んで、北朝鮮の暴走を抑え込んでくれればそれでいいと思う人がいるかもしれません。

しかしそうなれば、たしかに核兵器は日本に向けては飛んでこないけれども、それが本当の意味で日本の安全保障やアジアの平和につながるのでしょうか。国家としての日本の存立はどうなると考えているのでしょうか。

早い話、尖閣諸島の行方はどうなるのか。米中共同覇権が実現すれば、日本国内にたくさん住んでいる中国人が、今のアメリカ人以上に日本国内でのいろいろな特権を与えられるようになるでしょう。

沖縄に中国空軍の基地が広がり、横須賀や佐世保に中国海軍が基地を持つようになると、取り返しのつかない事態が予想されます。それを可能性として考えることのほうが、北朝鮮危機に慌てることよりもはるかに大人の発想です。

もっと驚くことに、今回、北朝鮮をめぐる危機で、米中がこれほどの協調関係に入ったのは歴史的に見ても初めてでした。その重大性はまず、今回の米中協調関係が、いずれ尖閣諸島に飛び火する可能性があるということです。

つまりトランプのアメリカは、尖閣諸島の問題でも、態度を大きく翻す可能性があると見るべきでしょう。トランプの米中協調の経過を見ていると、その対中政策の特異性が浮かび上がってくるからです。

トランプは、対中接近したニクソンとよく似ています。レーガンを気取っているのですが、トランプはレーガンの足元にも及びません。私は当初より、トランプはいずれニクソンのように、弾劾の瀬戸際でホワイトハウスから出ていく可能性が五分五分と見ていました。

トランプの本質は決して親日ではない！

たしかにトランプは、二〇一七年二月の日米首脳会談で、「尖閣諸島に日米安保条約第五条が適用される」と言いました。すると日本の大新聞は、朝日から産経までほとんどが一面トップで、「米国、尖閣に安保適用を明言」とか「満額回答」などと手放しで喜びました。

しかし、これは少々お粗末な話だったかもしれません。まず、今後の日米の経済対話で求められる「見返り」の大きさを、これらの記事はほとんど意識していなかったことです。

しかし、より深刻なことは、日米安保条約第五条に何が書いてあるかということなのです。第五条には、「日本の施政権下にある領域」だけを対象に、外国から攻撃があったとき、日本と協力してこれを排除するとあります。要するに、日本の施政権下になかったら、アメリカは日本領土の防衛には協力してくれないということです。

そこで現状を見てください。

尖閣諸島周辺の領海および接続水域に、近年、中国の公船が入ってきている日数とその時間、総数、総排水トン数、周辺での漁業など経済活動の実行例や船舶の種類を、漁船を含めて集計してみるとどうでしょう。

将来、もし国際司法裁判所などに出たときに、日本と中国でどちらの国の船舶のプレゼンスが多いのか、それによって尖閣諸島を実効支配しているのはどの国か、といったことで帰属が判断されることになるのです。

これでは「日本の施政権下にある領域」という判断も危うくなってしまいます。

しかも安倍晋三首相は、二〇一二年の総選挙で勝利し、第二次安倍政権が誕生したとき、自民党の選挙公約に「尖閣諸島に公務員を常駐させる」とあったのに、今に至ってもそれを実行していません。

公務員の常駐や気象観測施設、漁船の船溜まりの建設などを当時の石原慎太郎都知事から代わって実行しますというのが自民党の公約でした。あれから五年も経っているのに、いまだに何ひとつ実行できないのです。

ではなぜ、尖閣諸島で安倍首相がこうした公約を実行しないのかというと、それはアメリカに「羽交い締め」にされてきたからだと考えられます。

安倍首相が二〇一二年の政権発足から、翌二〇一三年の年末に靖国神社を参拝するまでの間、東京のアメリカ大使館が日本政府の中枢にもっとも強烈に圧力をかけていたのは、「尖閣諸島の現状変更をするな」ということでした。

アメリカ側からものすごく強い圧力があったので、安倍政権の動きは完全に封じ込められてしまったのです。

じつは最近、アメリカの公文書のリークによって、二〇一二年に民主党の野田佳彦内閣が尖閣諸島の国有化に踏み切ろうとした際、アメリカ政府は日本に対して、国有化について中国と協議するよう求めていたことが明らかになりました。しかし、野田首相はこのアメリカの圧力に抗して、国有化に踏み切りました。この点では、野田氏のほうが愛国者だったということになるでしょう。

尖閣から着々と広がる〝パクス・シニカ〟の魔手

尖閣諸島をめぐるこの五年間の日本のこうした動きは、中国に「日本は本当のところ尖閣諸島を領有する意志がない」と映ることでしょう。

もし、尖閣諸島の現状をこのまま一日延ばしにするなら、それは日本の領土主権を小間切れにして、少しずつ失っていくことにほかなりません。これが現実にどんどん進行しているのです。

北朝鮮危機の間も、中国公船は尖閣諸島付近で領海侵犯を繰り返しています。日本人の中には、「尖閣諸島のような岩なんかどうでもいいじゃないか」と考えている人もいますが、じつは本当のところ中国は尖閣諸島を領有したいわけではないのです。尖閣諸島を橋頭保にして、沖縄の米軍を圧迫して撤退させ、やがては太平洋をアメリカと二等分して、ハワイ以西の太平洋と東アジアに〝パクス・シニカ〟の覇権を広げようと、着々と手を打っているのです。

そこで、習近平がくり返し強調する対米外交フレーズ「新型大国関係」が大変重要な意味を持ってきます。トランプ政権は、今やこの「新型大国関係」という中国の誘いに乗り始めているように見えます。

二月に来日したマティス国防長官は、稲田防衛相との共同記者会見でこう言いました。

「南シナ海の問題をはじめとする（中国の海洋進出で起こっている）諸問題は、軍事的手段ではなく外交的手段によって解決すべきである」

さらに三月、ティラーソン国務長官が日本、韓国、中国を訪問しましたが、中国では王毅外相と会見し、そのあとで習近平主席とも会談しました。王外相との会談でティラーソンは、要求もされていないのに、次のように発言したと報道されています。

「米中両国が決して対立せず、お互いの立場を認め合い、win-win の関係をアジア太平洋地域において確立していくことは、両国政府の主要な関心であるということを確認した」

この言葉は二〇一三年、オバマ＝習近平の米中首脳会談で、中国側が一方的に要求してきたいわゆる「ニューモデル（チャイナ＝アメリカ）・グレイト・パワー・リレーションシップ（米中新型大国関係）」にほかなりません。

米中首脳会談でトランプは大きな取引をした

マティスやティラーソンは、何のためにこんなことを言ったのか。それはおそらく、北朝鮮問題で取引をしていくためのカードの一つとして中国側が要求したので、オバマでさえ拒み続けたこれにトランプ自身が安易にも乗ってしまったからでしょう。

そして、四月のフロリダにおけるトランプ＝習近平会談での、〝米中トレード〟の基調が決まったのだと私は推測しています。

つまり、「北朝鮮問題をテコ入れして、米中接近しましょう」と。北朝鮮危機で、中国が北朝鮮に石油禁輸など圧力を強化する見返りとして、アメリカは中国に対し「為替操作国」という指定をしない。貿易黒字問題でも当面は厳しく追及しない。これでトランプは、対中国要求の矛を収めました。

しかし、一連の米中接近の動きの裏側でさらに注目すべきことが、南シナ海で起こり始めています。それまでアメリカ軍が行っていた〝航行の自由作戦〟が、どうも最近は行われていません。そしてこれも、トランプ＝習近平会談の合意だったと思います。

とりわけ、南シナ海の最大の「要衝」とされるスカボロー礁で中国が最近、再び動きを見せ始めました。果たしてトランプのアメリカは、対抗策に出るのでしょうか。じつはこれが、北朝鮮よりもずっと重大な世界秩序問題なのです。

五月十日付のニューヨーク・タイムズが、「アメリカの南シナ海での動きが、アジアの同盟国を心配させている」というようなタイトルで記事にしています。

「南シナ海で、トランプ大統領が中国との接近政策を実行するために、海洋問題で中国に譲歩し始めたのではないか、と東南アジア諸国は非常に心配し始めている」

やはり北朝鮮危機が南シナ海に飛び火している。それが、尖閣諸島にまで及ぶかもしれません。

四月にはペンス副大統領が来日して、麻生副総理と経済対話を始めました。経産省は、「二国間のFTA交渉には応じない」と言っていますが、アメリカは二国間交渉をやるためにTPPからの離脱を表明したのです。

大事なのは、貿易は貿易、外交・安保は外交・安保と、切り離して考える日本的体質は、今やものすごく危うくなっているということです。相手国は貿易と外交・安保をリンクさせてくるのですから。

経済を視野に入れないと、尖閣防衛という戦略は成り立たなくなってくるでしょう。報道されてはいませんが、フロリダでの米中首脳会談で、トランプが東南アジアと南シナ海の問題で、大きな譲歩をした可能性があります。

アメリカに頼らない「日本ファースト」とは何か

　こうしたトランプ時代の米中関係の本質を頭に入れて朝鮮半島問題を考えると、本当の「脅威」は、三十八度線の北ではなく南だということが見えてきます。

　文在寅(ムンジェイン)という、名うての「従北派」の新大統領が選出された以上、半島の波乱の最前線は韓国政治の行方ということになり、これこそ日本にとって「新たな脅威」なのです。

　そしてＴＨＡＡＤミサイル問題の本質は、韓国の支配権をめぐる米中の覇権争いであり、先の「新型大国関係」の実験場に、今後の韓国はなっていくことでしょう。北朝鮮問題はすでに詰んでいると言ってよいのかもしれません。

　少なくとも軍事的解決はあり得ず、核開発を凍結するしかありません。北朝鮮は、とにかくアメリカと国交正常化をしたくてしょうがないのです。

　問題はむしろ韓国なのです。日本人は、このことがわかるような政治的感覚を持たなければいけません。

繰り返しますが、今や朝鮮半島問題の本質は、アメリカが今後も韓国の「主人公」であり続けるのか、あるいは三十八度線を越えて〝パクス・シニカ〟が押し出してくるのか、という問題だということに、もうそろそろ私たちは気がつかなければなりません。

言い方を変えると、対馬海峡が〝三十八度線〟になる日がとうとう来ているのです。海峡を越えて三十八度線まで日本が関わっていては、日本の安全が守れなくなるのは火を見るよりも明らかです。

そんなエネルギーがあるのなら、自衛隊、つまり日本列島の守備隊を強化し、北九州の防備を固める。そして、沖縄・尖閣諸島をしっかりと守らなくてはなりません。

これからは、衰亡するアメリカの「断末魔の悲鳴」の本質を見据え、その苦し紛れからくる「なんでもあり」の米政権を尻目に、日本は思い切り内向きになって、防衛も経済も外交も「日本ファースト」で、トランプ時代に備えることが一番大事ではないでしょうか。

衰亡のシナリオ2

トランプで加速する、アメリカ自滅の「三つの大罪」

歴史的にも明らかな一国覇権主義の危険

二〇一七年六月、天皇陛下の退位に関する法案が決まり、平成という時代の終わりが見えてきました。

今思えば、平成に入ってまもなく冷戦が終焉し、その後の約二五年間、世界はアメリカによる一国覇権の時代になりました。しかしその結果、むしろ世界は不安定になり、各地で深刻な紛争が次から次に起きました。

これはかつては、冷戦中にいわば「凍結」されてきた紛争要因が冷戦終結で一斉に「解凍」され表面化したからだ、と説明されてきましたが、果たしてそうでしょうか。もっと他に、その原因があったのではないでしょうか。

「アメリカの覇権時代の終わり」が明らかとなりつつある現在、今後の世界の行方を占ううえで、じつはこの問いかけは重大な意味を持ってくるのです。

二〇一七年は、ロシア革命から一〇〇周年ということになります。しかし、もはや共産主義が「敗者のイデオロギー」となって久しいものがあります。今日むしろそれは〝パクス・アメリカーナ（アメリカによる平和と繁栄）〟が世界にデビューしてちょうど一〇〇年を迎えた年として、よりいっそう重要な意義が見出されるべきでしょう。

一九一七年四月、アメリカのウィルソン大統領は「民主主義にとって安全な世界を作るため」と称して、大々的に第一次世界大戦への参戦を宣言しました。

以後の一〇〇年間、世界の秩序はその高邁な理想を掲げ続けたアメリカの手によって担われてきたと言えましょう。しかし、それは続けられるのか。理念や価値観への軽侮をあらわにするトランプのアメリカは「終わりの始まり」なのではないか。

とりわけ冷戦後、〝パクス・アメリカーナ〟の「頂点」とされたこの四半世紀は、日本が数々の深刻な問題を抱え込んだ平成という時代とほぼ重なっていました。日本の凋落とアメリカのいっそうの興隆が並行して進んだ時代だったと言えるかもしれません。

しかし今、丸一世紀を経て覇権大国アメリカの行方が、トランプ政権の登場によって大きく揺らぎ始めたように見えます。

戦後日本の「護憲平和」はなぜ危ういか

私はかねて、アメリカの覇権、とりわけこの二、三〇年の冷戦終結後の「米一国覇権」は逆に世界を大きく不安定化させ、早期に〝パクス・アメリカーナ〟にもピリオドが打たれることになるだろうと予見してきました。

というのも、近代およそ五〇〇年にわたる国際政治の歴史を見れば、一国による覇権、いわゆる一極支配で国際秩序を管理し、組織し、指導しようとすると、必ず世界は大混乱に陥ることが示されているからです。

さらに古今東西を広く見ても、たとえば古代ギリシア・ローマ、中国の春秋・戦国時代しかり、とりわけ近代ヨーロッパがそうでした。

新しく国が統一され、その国家が国内に正義を打ち立てて、確かな政府を作り、その主権国家の内側で国民の幸せと社会のいっそうの安定を望めば、論理的に他の主権国家に対抗せざるを得ません。

なぜなら国家主権は、対外的には猜疑心を強く持って外からの干渉を極力排さないと、内側での健全な主権を守れなくなるからです。

このために、トマス・ホッブズ（一五八八〜一六七九年、イギリスの哲学者・政治思想家）の論を俟つまでもなく、並立する国家間の存在そのものが、互いに善意を持っていても、潜在的には猛獣と猛獣が角を突き合わせる、まさにいわば闘牛場の情景が、常態とならざるを得ないのです。

つまり、国内で正義と秩序を求めれば求めるほど、対外的には非妥協的に対立しがちになるのです。

こうして国家の政策が、人間性とモラルという点で、内と外では逆向きのベクトルにならざるを得ないのは、これはもう近代的な人類文明の宿命であり、キリスト教的に言えば「文明の原罪」なのです。

その意味では、人間の善性を過剰に評価した上に構築される平和論、とりわけその典型としての戦後日本の「護憲平和」という考え方ほど危ういものはありません。

また、一国で世界の覇権を握り続けようとすれば、論理的に言えば、やがてすべての国から敵視され、対抗されることになり、よくても主要な各国の包囲の中で孤立し、早期に覇権は崩壊せざるを得ないのです。

アメリカはこの「三つの大罪」で自滅に向かう

この国家と国際秩序、覇権というものの宿命をわかったうえで、紛争や秩序の崩壊を防ぐための慎重な手だてや抑制が重要であり、平和と繁栄を保障する役割を担わされた覇権国にとって力とともに不可欠なのが、謙虚さとともに、とりわけ慎重な現実主義なのです。

これは、人類の何千年の、少なくとも近代数百年の歴史や経験に基づいた知見でした。しかるにこの二五、六年のいわゆる「アメリカの一国覇権」の下で、世界がむしろ不安定化し紛争が頻発したのは、やはりアメリカがこれらの点で覇権大国としての資質に、欠けるところが多かったからでしょう。

そして今、ついにトランプ大統領が登場してきたわけです。

思い起こせば、ベルリンの壁が崩壊した直後の一九九〇年から、アメリカが世界から少し身を引き、他国により対等な発言権を認めて、アメリカはむしろ関係国の中でのワン・オブ・ゼム（one of them）の立場に身を引いて、他国との協調を第一にして国際社会にももっと自己抑制的に関わっていたら、冷戦後の世界は、今のような対抗を基調としたものではなく、今よりもずっと共存と協調を基調とした多極世界が成立していた可能性があったのです。

しかし、冷戦後に世界最強の軍事力を持ち、ドルという基軸通貨を握っていたアメリカでは、逆にネオコン（タカ派の新保守主義）が強力になってきました。

政治学者フランシス・フクヤマの著書『歴史の終わり』に見られるように、多くのアメリカ人が冷戦の勝利に舞い上がってしまい、大変大きな間違いを三つ犯しました。そして今、アメリカはその報復を受け、終わったはずの歴史に「追いつかれている」わけです。

【大罪1】湾岸戦争によって中東の秩序を大きく崩すために、あり余るアメリカの力を用いた結果、結局イスラム過激派を反米・反西側に向かわせ、世界にテロが蔓延す

るようになったこと。

一九九〇年夏、クウェートに侵攻したイラク軍を排除するためと称して、アメリカは冷戦で培った最新鋭の軍事技術を備えた、五〇万人もの大軍を湾岸に派遣します。そして翌年一月、わずか数週間でイラク軍をクウェートから追い出すというパーフェクトな勝利を勝ち取りました。

しかし、あの程度の紛争であれば、むしろ国連の場で話し合って経済制裁を加え、せいぜいPKOを出せばよかったのです。現にイラクはクウェートからの撤退を申し出ていたことが、最近の文書公開で明らかになってきました。

ところがアメリカは、このクウェートをめぐる局地的な紛争をテコにして、自らの一国覇権を冷戦後の世界で確立することを目的に国連を利用し、安保理決議に基づいた〝国際社会による正義の戦争〟を演出して、自らの卓越した軍事力を世界に見せつけるために、あえてパーフェクトな勝利を実現したのです。

たしかにアメリカを中心とする多国籍軍の損害は数百人に過ぎなかったのですが、その圧倒的な軍事力のターゲットとなったイラク国民は数十万の犠牲者を出しました。

しかし国際社会では、こうした力の誇示による「容赦のない勝利」は、逆にその後の時代に必ず大きな悲劇を招きます。アメリカはのちのイラク戦争（二〇〇三年）でも、この時のような傲慢な軍事力の行使をさらに大規模に繰り返して大きな混乱を引き起こし、ＩＳつまり「イスラム国」まで作り出してしまったのです。

もちろん、すべてがアメリカの責任というわけではありませんが、この点での反省がトランプのアメリカにはまったくないように見えるのが問題なのです。

【大罪2】唯一の超大国としてアメリカが、ゴルバチョフ、エリツィンに強い圧力を加えてロシアの民主的な改革を挫折させ、プーチン大統領のような民主主義を敵視する強力な独裁勢力を生み出したこと。

これには、もちろんロシア国内のいくつもの要因が大きく関わっているのですが、同時にソ連崩壊（一九九一年）後、民主化や市場経済の導入でアメリカが力にまかせてロシアの内政に介入しすぎたことにも大きな原因があります。

一九九〇年代、アメリカ国務省の全面支援のもとで、ロシアにはまったくそぐわないアメリカ型の市場経済モデルや構造改革を無理やり押しつけました。その結果、ロシアの改革は大失敗に陥り、年金生活者の老人や子どもなど多くの弱者が餓死し、ロシアの庶民がとんでもない苦難の時代をたどらなければならなくなりました。

さらに、クリントン＝ブッシュ政権のアメリカが、旧東欧諸国にNATOを拡大させ、ロシアを敵視し包囲しようとしたことは、当時西側との和解に傾いていた多くのロシア人をして怨念と排他的な愛国心、さらには反西側感情をいっそう強固に抱くように仕向け、あらゆる階層のロシア人から強い反発を招きました。

これがプーチンの独裁体制をもたらす重要な要因になったのです。

【大罪3】中国を軍事覇権国家にしたこと。

これは、何にも増して冷戦中から冷戦後にかけ、アメリカの歴代政権が一貫して中国を甘やかしすぎたからです。とくにニクソン以後の共和党政権は、つねに中国を豊かに、そして強大化するよう仕向けてきました。

たとえば、レーガン大統領は軍拡競争でゴルバチョフ大統領を「雪隠詰め（せっちんづめ）」にして、首尾よくのちのソ連崩壊を招きましたが、一方で中国に対しては、経済発展させ、また軍事強国にすべく、あらゆる手段を惜しみませんでした。

たとえば当時、米中軍事交流を担当していたCIAとペンタゴンの中枢で活躍した中国専門家のマイケル・ピルズベリーは、レーガン大統領が、アメリカの法律で対外移転が禁止されていた高度な軍事技術を、次々と中国に流したと最近の著書（『China 2049 秘密裏に遂行される「世界覇権100年戦略」』日経BP社、二〇一五年）の中で告白しています。

じつは、一見タカ派に見えたレーガン政権こそ、いわば〝隠れ親中派〟の最たるもの、あるいは〝もっとも親中的な米政権〟だったと言ってよいでしょう。

さらにそれ以前、よく知られた通り一九七〇年代の米中国交回復への道を切り拓いたニクソン大統領とキッシンジャー国務長官の時代から、共和党がいかに親中だったかは、歴史が証明しています。

今回、共和党のトランプ政権で、われわれが警戒しなくてはならないのは、まさにそこなのです。

国務長官人事でわかるトランプの中国との「取引（ディール）」

トランプ大統領は、国務長官としてエクソンモービルＣＥＯ兼会長のレックス・ティラーソンを指名しました。彼は「ロシア、とりわけプーチン大統領と親しすぎる」ということで、過去最大と言われる反対票の中で承認されましたが、じつはこのティラーソンという人は、トランプなどよりもずっと、れっきとしたアメリカの「エスタブリッシュメント（支配階級）」に近い人物です。

私は早くから彼に注目していましたが、ニューヨークのＣＦＲ（外交問題評議会）やＣＳＩＳ（戦略国際問題研究所）など、アメリカの特殊な外交・金融エリートの人脈につながる人です。その意味では国務長官として、じつは「十分にふさわしい人」だと私は評価しています。

ロシア通のティラーソンを国務長官に指名したことで、米ロ関係が好転するかのようにメディアは盛んに報じています。たしかに彼は、プーチンの片腕でロシアの元副首相だったイーゴリ・セーチン（ロシア最大の石油会社ロスネフチのＣＥＯ兼会長）

とは刎頸（ふんけい）の友のように言われています。

しかし、ティラーソンがプーチンをはじめとするロシア人脈と近しいのは、石油会社の経営者として、ロシア国内の石油利権、とくに北極海の石油利権獲得のために仕事に忠実に、あるいはアメリカの経営者として当然のように「大変アグレッシブに」行動したからです。

むしろ問題は、彼が人脈的に共和党中枢の親中派に深くつながる人物であることです。

じつはティラーソンをトランプに推薦したのは、キッシンジャー＝スコウクロフト・グループであり、とりわけその寵児で、共和党のジョージ・ブッシュ・ジュニア政権で国務長官までつとめたコンドリーザ・ライスでした。そしてその背後にはベイカー元国務長官やゲーツ元国防長官らもいたとのことです。

たしかに、議会の公聴会などでティラーソンは、国防長官に指名されたマティスと並んで中国に警戒的な姿勢を見せていましたが、それがいつまで続くかはじっくり見ていく必要があるでしょう。

トランプ政権の初期のうちにアメリカは、貿易面では対中強硬路線を取るでしょう。現に就任前、台湾の蔡英文総統に電話会談をして中国を怒らせた後、トランプはFOXニュースのインタビューで、

「一つの中国という原則に、なぜわれわれは縛られなければならないのか」

と述べました。ここまで読むと、トランプはニクソン＝キッシンジャー以来の「一つの中国」原則を捨てて台湾独立をも容認するかのような内容ですが、この言葉の前に明確な条件がつけられていました。それは、

「もし、われわれが貿易問題で合意できないのなら」

でした。つまりこれは「取引（ディール）」の申し出なのです。台湾問題でも、トランプは必ず北京と妥協するはずです。

トランプは表面だけ対中強硬派で、じつは「隠れ親中」だったレーガン流か

さらに、トランプは南シナ海で中国が人工島を造っていることを批判し続けていますが、それもつねに米中の貿易問題や人民元の問題で交渉してくれるなら、というトランプ得意の「ディール」の申し出とセットで語られているのです。

つまりトランプは、台湾や南シナ海問題を、米中の経済問題をめぐる取引（ディール）によっては中国に譲歩する、というアメリカの排他的な国益のための〝ダシ〟に使っているように見えます。

要するにこれは、まず相手のいやがることに言及して、要求をのませるアグレッシブな商売人の交渉戦略であって、もしそれを見抜けば、中国はディールに応じるかもしれません。そこで中国が譲歩すれば、アメリカは論理的にはその見返りに、台湾と南シナ海で中国に譲歩することになるかもしれないのです。

日本などアジアにとって、こんな危ない「取引」はありません。安倍首相は「台湾や南シナ海では中国とディール（取引）するな」とトランプに向かって声を上げなければなりません。

たしかに、トランプ政権の陣容を見ると、表面的には対中強硬派を多く抜擢しているのは事実です。

とりわけ新設されたＮＴＣ（国家通商会議）の代表に指名されたピーター・ナヴァロ（カリフォルニア大学教授）は、私も以前から知っていますが、反中保守のネオコンからも「私は彼ほど極論はしない」と言われるほどの、いわば「一線を越えた」対中強硬派です。

また、ＵＳＴＲ（アメリカ通商代表部）のトップに指名されたロバート・ライトハイザーも同じく対中強硬派。彼はＵＳＴＲ次長として、一九八〇年代、日米貿易摩擦で日本に強圧を加えてきた、名うての反日論者だった人物です。しかし、彼があのときのように、今度は対中強硬に向かうかどうかはよく見ておく必要があるでしょう。

さらにＮＳＣ（国家安全保障会議）のアジア部長になるマット・ポティンジャーという人もたしかに対中強硬派と言われます。

トランプ自身が、対中強硬派を演じつつ、じつは「隠れ親中派」だったレーガン大統領の「焼き直し」としての自らの役割を意識していますから、一九八〇年代にレーガンがあれほど真剣に日本を抑えつけたように、今度はトランプが中国を抑えつけられるかが注目されます。

アメリカが無力化して「無防備」になる日本の安保

もし、米中の間で従来型の軍事衝突が起きれば、もちろん現在のところ、中国海軍はアメリカの敵ではあり得ません。しかし、サイバー戦に関しては、中国にはロシアと並ぶぐらいの実力があって、アメリカと互角かそれ以上でしょう。

さらに中国は、人工衛星を破壊する衛星攻撃ミサイルの実験に成功しています。もちろん本格的な宇宙戦にまで発展すると、米中全面戦争となる可能性があります。

その場合、米中双方の戦略核による相互抑止が効いているので、あくまで限定戦争にとどまるとは思いますが、いずれの場合もそのとき、米軍は今や極めて精度の高いミサイル攻撃能力を身につけた中国軍の脅威から逃れるために、一旦、日本を含む第一列島線から後ろへ下がるでしょう。そのとき、日本全体が、自衛隊の戦力を除けば、大なり小なり無防備になってしまうこともあり得るのです。

これは日本列島の住民としては、ぜひ考えておかなければならない大変深刻な問題です。だから、ここでもトランプ時代の日本の最大の命題は「自主防衛力の画期的向上」なのです。つまり、我々は「核の傘」を除いては、完全な自主防衛力を持つことを目標にして、今後の国防政策を作り直さなくてはならない時代に入っているのです。

大事なことは、果たしてアメリカが中国と本格的に事を構えられるかどうかです。それに対して「トランプ政権のアメリカにその覚悟はあるのか」、二〇一七年という年はその答えがはっきりとする年になるでしょう。

湾岸戦争とソ連崩壊が重なった一九九一年以降、アメリカは圧倒的なパワーを有する唯一の超大国になりましたが、同時にその本質は大変無力な存在になってしまいました。じつは、「極めて強力だが、本質的に無力な存在」、それが唯一の超大国アメリカなのです。

アメリカは冷戦後の二五年間に、一国覇権主義の立場を守るため、各地の紛争に積極的に介入しては、失敗ばかり繰り返してきました。

それは冷戦後、アメリカが世界の秩序を守る行動を取ろうとすると、アメリカ国内の世論が、「もはやソ連の脅威がなくなったのに、どうしてアメリカが世界に介入し続ける必要があるのか」と反対し、その結果、アメリカは中途半端な介入しかできなくなって、結局、泥沼化させてしまうことになったからです。

加えてアメリカは一国で世界を抑えようとしますから、たとえば「ピボット（基軸戦略）」と称してこれからはアジアを重視しようとしても、再び中東やヨーロッパに混乱が生じて、結局アメリカは文字通り右往左往せざるを得なくなり、その力は限りなく分散させられていくでしょう。

こうしてアメリカは、その国力の強大さにもかかわらず、大変「無力」な存在に陥っていき、そんなことを繰り返しているうちに、国力の中核部分の衰退が進行していくことになるのです。

対IS、対イラン一辺倒になるアメリカに日本はどう対するか

現に、トランプ政権の発足時点での方向性と主要な陣容を見ると、アジア重視や中

国抑止に力を入れるよりも、その前にまず何をおいてももう一回、中東に深く足を突っ込むような気がしてなりません。

9・11でニューヨークのマンハッタンがテロに遭ったのですから、イスラム過激派との闘いを、多くのアメリカ人は支持します。「リメンバー・パールハーバー」ならぬ「リメンバー・9・11」となって国中が結束できるからです。

またトランプ政権にとっては、米国内の強大な「反トランプ勢力」という敵が誰よりも恐ろしい脅威であり、政権の足元は常に大変脆弱であり続けるでしょう。つまり国内に強い反対のある選択を、トランプは徹底して避け続けなければならないのです。

では、日本はどうすべきなのでしょうか。

トランプ大統領は選挙戦中から、在日米軍の費用負担を増額しないとアメリカ軍を引き揚げるなどと、日米同盟のパートナーである日本と「ディール」しようとしてきました。

また、メキシコに工場建設を計画しているトヨタに対しては、「関税を上げる」と警告してきたので、同社はアメリカ国内に一・一兆円の新たな投資を約束しなければなりませんでした。

トヨタだけでなく、フォードやフィアット・クライスラー、ＩＢＭやアマゾンなども続々とトランプの強圧に屈して、それまでのグローバル経営から「アメリカ・ファースト」へ軸足を移し始めました。

「自由な市場経済こそ普遍的な価値観の核心だ」と謳ってきたアメリカの大企業が、何と情けない有様なのでしょう。自由経済の理念も価値観も一瞬にして投げ捨て、「アメリカ・ファースト」と叫ぶトランプの前にひれ伏して恥じないのですから、アメリカの自由も落ちたものです。

少なくとも、政権と企業によるあのような行為は、もはや自由経済ではなく、「コマンド・エコノミー」と呼ばれる指令経済（計画経済の一種）に堕している、とさえ言えるかもしれません。

本来ならここで日本政府は、「トランプ政権は自由経済の原則を踏みにじり、保護主義をとろうとしている」「日本企業ひいてはわが国の国益を侵しては困る」と抗議してしかるべき話です。

少なくとも安倍首相は、そうした「懸念」ぐらいは表明しておかなければならないのです。これを怠って、変にべたべたとトランプにすり寄ると、あとで必ず日本の経済界が大きな損失を被るはめになることは明らかです。

「脱アメリカ」の時代がやってきている

とはいえ、理想や理念がとりわけ嫌いだというトランプ大統領の登場は、マッカーサー以来、アメリカ民主主義の価値観に対してコンプレックスを持ち続けた日本人にとっては、真に自立できるチャンスでもあります。

つまり、「こんな人（トランプのような人間）がアメリカの大統領なんだ」と思えば、アメリカに対して日本人も今後は心理的に対等になれます。「位負け」しない精神面での独立があって初めて、防衛面でもアメリカから自立できるようになるからです。

日本周辺の軍事的脅威に対しても、アメリカの軍事力に頼る前に、何をおいても日本は急速に自衛力をつけなければなりません。この点で、安倍政権は発足して五年目になっても、依然として遅々とした状況です。

これは私の持論ですが、防衛費は早急に現在の二倍の水準にすべきだと思います。日本の現状では、周辺国の中でもとくに軍事費を大幅に増加させている中国や北朝鮮に比べて、これらの国の脅威が高まった、つまり安倍政権になってからの数年間だけを見ても、相対的には日本だけが一方的な〝大軍縮〟をしている結果になっているからです。

トランプ政権の登場は、安倍首相にとっては、「アメリカ大統領がトランプになった以上、もう安倍に用はない」とばかりにプーチンにちゃぶ台返しされた対ロ北方領土交渉といい、就任初日に「離脱宣言」をされたＴＰＰといい、鬼門だらけです。

ただ、そのトランプ政権は少なくとも当面、表面上は対中強硬路線で進むことが予想されているのがせめてもの救いかもしれません。しかし、トランプのような政権に全幅の信頼を寄せるわけにはいきません。

防衛力の飛躍的な増強と真の自立こそ、〝パクス・アメリカーナ〟の退場が本格的に始まる二〇一七年以降の時代に、日本に切実に求められている選択ではないでしょうか。

衰亡のシナリオ3

トランプの孤立主義は建国の理念を裏切る

大正期にヨーロッパからアメリカへ鞍替えした日本破綻の運命

アメリカ帝国衰亡のシナリオを見るには、まず日本にとって、そもそもアメリカとはどういう国なのかを振り返っておく必要があります。

日本とアメリカとの関わりで、最初にして最大とも言えるのが、日本史の大転換点だった幕末の開国、そして明治維新への関わりでしょう。

長崎の出島という狭い窓口のみで、西洋との関係を保ってきた鎖国の国・日本に、風穴を開けたのがアメリカでした。ペリーの度重なる強圧的な要求を、当初のらりくらりとかわし続けた日本は、結局ズルズルと追い込まれ、ついに他の列強に先駆けてアメリカとの間に大変不利な通商条約（一八五八年）を結ぶに至ったのです。結果的にこれが幕府の命運を左右することになりました。

その後も幕府はアメリカとの関係を重視し続けざるを得ず、たとえば一八六〇（万延元）年、遣米使節団が咸臨丸でアメリカに渡ったのも、この日米修好通商条約をわざわざ批准するためでした。

しかし、幕末の動乱を経て発足した維新政府が国政の模範としたのは、アメリカではなくもっぱらヨーロッパでした。たとえば、大日本帝国憲法を作るにあたり、日本は、一八八二(明治十五)年、参議・伊藤博文らをヨーロッパに派遣しました。

それは、ドイツの立憲主義を調査するためでした。伊藤博文は、ドイツやオーストリアの学者たちから、「憲法は、その国の歴史や伝統や文化を反映すべきもの」と言われたことに影響を受けたようです。

ですから、大日本帝国憲法は、ドイツ(当時はプロイセン)の憲法をもとにして成立したものでした。

憲法に限らず、大正末期までの日本では、下手にアメリカをほめると、単に拘束を嫌うだけの「自由主義者」と揶揄されたり、軽薄な人間というレッテルを貼られたりしました。当時の日本の知識人にとって、「西洋」とは、もっぱらヨーロッパ、ドイツ、フランス、イギリスを指していたのです。

とはいえ、アメリカが手をこまねいて見ていたわけではありません。とくに経済戦争では、米英が互いにしのぎを削りあった勢力争いの最前線は日本でした。財閥の銀行の金融資本の系列を、どちらの国の銀行が組み込むかという争いです。

争いの当事者は、アメリカのロックフェラーとイギリスのロスチャイルドでした。この両者がせめぎあっていたために、明治、大正前半までの日本は、結果的にどちらからも自由だったのです。

見直したい日本伝統の「対米位負け」外交

ところが、大正の終わりからアメリカの力が全般的に強くなって、イギリスが大きく衰退します。そうすると、目ざとくそれを見てとった日本の各界のリーダーたちはいち早くアメリカの模倣へと視線を切り替え、日米関係が濃密なものになっていきました。たとえば、日米間でプロ野球の交流試合があったり、ベーブ・ルースが来日したり、あるいは、ハリウッド映画の系列化による勢力拡大の影響などで、日本は急激にアメリカナイズされた国になります。

そのために、アメリカの教会団体の支援を受けたプロテスタントのミッションスクールや大学が一流の地位を得るようになりました。東京山の手の一角は、戦前から「気分はすっかりワシントン・ハイツ」という感じになり、最先端の若者はニューヨークの最新ファッションを身につけて銀座へ繰り出したのです。

人々は彼らを「モボ」「モガ」と呼んでもてはやしました。「モボ」とは「モダンボーイ」、「モガ」は「モダンガール」の略です。日本人は昔から意味不明な略語が好きだったようです。

というわけで、日本は明治以来、ヨーロッパの文化を西洋文化と捉えて模範にしていたのに、第一次世界大戦が終わるころには、急激にアメリカ文化に迎合するようになりました。

たしかにアメリカの経済力や工業力が高まり、政治的にもアメリカが世界覇権に手を伸ばし始めていたことで、経済だけではなく、映画、航空機、交通、通信、娯楽、文化、スポーツと、あらゆるところでアメリカ化が世界に広がりました。そしてこのときの選択が日本の運命を左右するものとして、今のグローバリゼーションの時代まで、ずっと続いているのです。何が言いたいかといえば、すでに大正期から日本人は、文化的・精神的にアメリカに「位負け」していたのです。

そしてこの意識が抜けないために、このたびのトランプ・アメリカの誕生に対して、日本の政界も経済界も大慌てで、トランプの真意を探ろうと右往左往しています。

たとえば安倍首相にとっても、選挙中にヒラリーとは会っていたのに、トランプには会わなかったことからも、トランプ当選は「まさかの結果」だったはずです。それで、大統領選後に安倍首相は慌てて「トランプ詣で」を繰り返すはめになったのでしょう。この大番狂わせにうまく対応しようと、これは迎合というより、したたかな選択だったかもしれませんが、安倍首相は驚いたことにトランプの就任以前にアメリカ訪問を断行しました。

また、トヨタは、メキシコに工場を作ることを阻止しようとするトランプに対して、その方針こそ撤回しなかったものの、アメリカに莫大な投資をすると宣言して、その攻撃をかわそうとしています。しかし、結局はトヨタも日本政府もトランプ政権に抑え込まれるでしょう。もしそうなれば、これも日本の「対米位負け」外交の伝統のなせるわざと言えるかもしれません。

日本人の専門家に多い「アメリカ幻想」の源

日本には、アメリカを専門に勉強している学者や評論家がたくさんいます。ところがこの人たちの中には、アメリカが専門なのだから当たり前と言われそうですが、アメリカだけに目を向けて、他をあまり見ようとしない人が多いように思われます。

ですから、アメリカの草の根、たとえば、どこの州にどんな移民が来たかとか日系アメリカ人がどれほど苦難の道をたどったかとか、あるいは、ドイツ系移民と比べてどうだったかなどということについては極めて詳しく知っています。

アメリカ研究者は、アメリカで学位を取らなければならないので、どうしてもそういう細かな内輪の話ばかりに目を向ける傾向が強いのでしょう。しかし、そのために、世界を俯瞰して、その中にアメリカを位置づけるということには関心が向かないようです。

つまり、「アメリカの中からアメリカを見る」という感じで、あたかも自分がアメリカ人になったかのような研究しかしないのです。さらに言えば、彼らは、日米関係からアメリカを見る以上のことをしようとはしません。私はこの現象を見て、大正以来の日米関係の窮屈さが学問にも反映しているような気がしてなりません。

とくに、日米関係を慮るあまり、今もアメリカは、日本の学者にとってタブーのかたまりです。こういうことは言ってはいけない、その問題に触れてはいけないなど、たくさんの「アメリカ・タブー」があるために、アメリカについてなかなか自由にものが言えなくなっているのです。

トランプは、その隙をつくかのように、さまざまな日本攻撃を繰り返しています。しかし、日本の識者たちは、たとえば、「当選後、在日米軍を撤退させるとは言っていない。だからそれほどの変化が起きるはずがない」などと楽観的な見方を崩しません。

同じキリスト教でも、プロテスタントとカトリックでは大違い

しかも、アメリカを深く研究して、アメリカのバックボーンは何なのかなどという

命題が出てくると、キリスト教という、もう一つのタブーが出てきます。じつは、日本には、アメリカのキリスト教団が作った大学が多いのです。

アメリカは寄付の文化なので、プロテスタント教会の教団は、経済的に豊かで、世界中にたくさんの大学を作っています。

しかし日本の場合、古来、神道や仏教が根強く国民生活に浸透しているので、キリスト教、とくにプロテスタント教会の布教はあまり成功しませんでした。一般庶民に普及できなかったので、知識人や教育関係に手を出すことで広めようとしたのでしょうか、他の地域よりも大学と直結する部分が多く、プロテスタントの教団の指導者は早くからたびたび日本を訪れています。

これがカトリックとの違い、あるいは同じプロテスタントでも、ヨーロッパのプロテスタントとの大きな違いです。

カトリックは、上意下達の組織ですが、教育機関に口出しをすることはめったにありません。教義もあって、その国のイデオロギーとか国の政治とかにあまり口出しをすべきではないという考え方をしています。ヨーロッパのプロテスタントもほぼ同じ考え方です。

他方、なぜアメリカのプロテスタントは、お金を出し、口も出すのか。それは、「社会改良」という大きなミッションを果たさなければならないと考えているからです。

ですから、日本の社会に封建的なところがあったり、政治に問題点があったりすると見るや、積極的にこれと戦って改革し、不合理を正すべきだと人々を鼓舞します。

おそらく、アメリカ人の対日観のどこかに「日本という国は自分たちが自由にできる」という意識が強くあるのです。言うまでもなく戦後は、自分たちが一度は占領した国という意識が抜けないし、ペリー来航以来、西洋文明を日本にもたらしたのは自分たちだと思っているのでしょう。はっきり言えば、ハワイ、日本、フィリピンまでは、自分たちの「テリトリー」だと思っているのです。

日本のアメリカ研究者が、研究におけるタブーを打破することができないのも、このようなアメリカが日本に対して持つ意識が、知らぬ間に自分の中に反映されている結果なのかもしれません。トランプの登場に対して、目下、大慌てで走り回っている安倍首相以下の日本のリーダーたちも、もっとも厄介な形の「アメリカ・コンプレックス」の虜になっていて、日本の国益を見る目が曇らされ、かつてプラザ合意などバブルの発生から崩壊に至る原因を作った中曽根政権と同じ過ちを繰り返す恐れが多分にあると私は考えています。

トランプの孤立主義は、アメリカ建国の理念と正反対

というわけで、こうした日本人のアメリカに対する意識のありかたは、今日まで一〇〇年近くの間、続いてきたことになります。たしかに、こうした二十世紀のアメリカナイゼーションは日本以外の国々にも広く見られた現象でしたが、二十一世紀の今日の状況を見ると、そのアメリカ化時代は明らかに反転し始めました。

奇しくも二〇一七年は、社会が変革し始め、世界史が曲がり角を迎えた一九一七年から一〇〇年目に当たります。

一九一七年にはどんな変革があったのでしょうか。

一つは、ロシア革命です。ロシアは、この革命によって三〇〇年続いたロマノフ王朝が倒れ、共産主義国家になりました。共産主義は圧倒的な勢力を広げ、世界を席巻するかに見えたのです。

ところが、同じ年、劇的なできごとがあって、世界史が大きく変わりました。それは、〝パクス・アメリカーナ〟の成立です。

具体的なできごとを挙げれば、ウィルソン大統領率いるアメリカがそれまでの国是を破り、第一次世界大戦に参戦したことです。

じつは、それまでのアメリカは建国以来、孤立主義、より正確には対外不介入政策が国是でした。それが、アメリカ合衆国ができあがってからの伝統だったのです。そしてウィルソンの第一次大戦への参戦から一〇〇年後の現在、トランプがやろうとしていることは、一見、この孤立主義に似ています。

しかし、じつはここが問題なのです。果たして、トランプの主張は、建国以来の国是である不介入主義の復活なのでしょうか。結論から言えば、似て非なるものと言わざるを得ないでしょう。

たしかに、アメリカは一九一七年までは、ヨーロッパの問題には関与しないことを原則にしてきました。アメリカという国は当初、海洋国家として成り立ってきたのですが、十九世紀に入ると、西へ西へと広大な国土の開拓をしていく西部開拓の時代を通じ、大陸国家になっていきました。

西部開拓が生んだアメリカの「名誉ある孤立」

このように、海洋国家から大陸国家になった結果、孤立主義とうまく合致していったのです。アメリカは、「海洋国家というのは、必ず覇権主義になる」という地政学上の原則とは縁を切ったのです。

ちなみにこの定説には根拠があって、海はすべてつながっているので、海の支配を目指すとやがては全世界を支配しようとするから、ということです。

このことは、今から二〇〇年以上前の日本でも、経世家の林子平（しへい）が、『海国兵談』という本で主張しています。彼は、江戸の日本橋の下を流れる水は、地球の裏側にあるテムズ川につながっていると言いました。

しかし、独立後イギリスと絶縁して西へ向かって開拓を進めることに集中し、海洋国家ではなくなったアメリカは、ますます「大西洋の向こうにあるイギリスなどのヨーロッパには関与しない」というイデオロギーが強固な国になりました。

ですから、独立宣言や合衆国憲法を読むと、「アメリカ大陸の防衛」ということだけを謳っています。海外に軍事力を派遣したり、海外の国と同盟を結んだり、権謀術数を駆使した外交をやったりしてはいけないというのが、アメリカ建国の大国是でした。

このことは、初代大統領のジョージ・ワシントンが、一七九七年、大統領を二期務めてホワイトハウスを去る日の演説でも言及しています。

そのときにワシントンは、「アメリカは若い理想を掲げた民主主義の共和国である」「アメリカは、われわれが神の加護によって、地上に築いた別天地である」「これを守り抜くことが、一番大切な、われわれの使命だ」という意味のことを言いました。

そして、そのために大事なことは、「外国での戦争とか、外交とか、同盟などには一切関与しないことである」と言い、不介入の原則を守れと強く言い残したのです。

この不介入の原則は、理念としてその後、一〇〇年以上にわたってアメリカを支えました。また、この孤立主義、つまり対外不介入主義は、「アメリカは世界が見習う平和の使徒となろう」という大いなる理想主義の表れでもあったのです。つまりそれは、トランプの唱える孤立主義とはまったく似て非なるものだったのです。ここをよく比較する必要があります。

「アメリカ・ファースト」はローマ帝国衰亡の再現だ

アメリカがこの本来の孤立主義、つまり対外不介入の選択をした時代は、「啓蒙主義の時代」と言われ、ヨーロッパでも、ルソーやカントが、「人民の権利を確保して新しい自由と平和の天地を作るためには、お互いに外国に干渉するのはやめましょう」という主張や提案をしています。

共和制や民主制が崩れて堕落し、独裁や暴政に至るのは、軍事国家になることだというのがその主張の根拠になっています。つまり、軍事国家というのは、外の世界に関わって対外介入したり、外地で戦争をしたり、平和時に恒久的な同盟を結んで外国に軍隊を派遣したりするから、本国の社会が徐々に利権化・強権化していって自由を失っていくのだというわけです。

これは十八世紀までは、欧米の人々にとって常識の中の常識でした。というのも、彼らは身近なものとしてローマ帝国の繁栄と衰亡の歴史を知っていたからでしょう。古代ローマは当初、共和制でいい時代を迎え、大繁栄して自由を享受していました。ところが、クレオパトラが支配するエジプトに関わり、ジュリアス・シーザー（ユリウス・カエサル）が出てきて、あっという間にローマ帝国になってしまいました。

その結果、不要な対外戦争や征服を繰り返し、徐々に軍事国家になり、軍事的・経済的には世界最強の国になりました。しかし結局、今でいうポピュリズム化が進み、国内の本来の自由はどんどん奪われていきました。そして社会の活力を失っていき、最後は一大衰退の道をたどってしまいました。

ギリシア・ローマの古典を熱心に学んだルネサンス以来の欧米では、これが教訓になって、アメリカ独立後の孤立主義というものが国家運営の一つの考え方として定着していったのでしょう。モンロー主義もその一部なのです。

モンロー主義とは、一八二三年、第五代アメリカ大統領のジェームズ・モンローが、ヨーロッパに対して、アメリカ大陸とヨーロッパ大陸の相互不干渉を提唱したことを指します。以来、アメリカはヨーロッパの戦争や外交にはずっと局外中立、不介入を守り続けました。

しかし前項の最初に述べたように、一九一七年はアメリカが第一次世界大戦に参戦して、長い間維持し続けた孤立主義をやめたときであり、そういう意味では、アメリカと世界が変化するきっかけになった年なのです。

トランプの「ネオ孤立主義」はただのエゴイズム

そして、それから一〇〇年、やみくもに「アメリカ・ファースト」を唱えるトランプの大統領就任が「アメリカの総意」と考えるならば、今やアメリカはかつての理想主義に立脚した孤立主義ではなく、アメリカのことだけを考えるただのエゴイズムとしての「ネオ孤立主義」に向かおうとしているかのようです。

もともと日本では、この国家運営の思想としてのアメリカ特有の「孤立主義」に触れるとき、その理解がかなり混乱していました。今日では孤立主義というと、相手をおとしめる単なる政治スローガンのように捉えられ、公正な理解を得られていないうらみがあります。

単純に言えば「孤立する」というのは悪いことであり、他との協調や和解を無視した生き方として誹謗の対象になりがちです。しかし、この「孤立主義」をアメリカの歴史の中でよく知っておくことは、大変重要であり、しっかりと見ておきたいと私は思っているのです。

アメリカの歴史をずっと巻き戻して概観すると、今、起こっていることは、要するにコロンブス以来のアメリカが大きく変わるということです。それは私の学問上の大テーマの一つでもあり、この本の一つの柱にもなる部分です。

世界の最先端の地政学者が書いた『二十一世紀における地政学と大国』(C. Dale

Walton, *Geopolitics and the Great Powers in the 21st Century*, 2007 本邦未訳）などでもっとに論じられているように、今、世界はおよそ五〇〇年ぶりに海洋国家優位の時代から大陸国家優位の時代へと転換し始めました。

そこでは必然的に多極化の世界が、支配的な、そしてより構造的な世界秩序として定着すると考えられます。なぜなら、端的に言えば海はすべてつながっている以上、海洋国家優位の時代はどうしても「海の覇権」を一つの国が握りがちだったからです。

マルチポラリティ、つまり多極化世界が、次の時代の世界史の主要な構造になることは、何も目前の国際情勢だけでなく、こうした長期的な文明史上の構造転換によっても明らかなのです。

つまり、今やこの世界は、コロンブス以降の海洋国家が世界を支配した時代に別れを告げて、一〇〇年前、最後の海洋覇権国として建国以来守ってきた孤立主義をかなぐり捨てて覇権国家へ突き進んできたアメリカが、大きくその舵を切らねばならないときに来ているということです。

ヨーロッパと決別した移民の国・アメリカの移民排斥

というわけで、この一〇〇年のアメリカを見ていて私が思うことは、なぜアメリカはこれまでローマの歴史に学ばなかったのかということです。

しかし今、そんな私の思いに反応するかのように、現代のアメリカの学者や評論家、とくに国際関係や歴史に関係した研究をしている人々は、ローマの歴史を踏まえた発言をし始めています。世界的なベストセラーとなったケンブリッジ大学教授のメアリー・ビアードが書いた『ＳＰＱＲ　古代ローマの歴史』（Mary Beard, *SPQR: A History of Ancient Rome*, 2015 本邦未訳）などはその一例です。

そういう意味で、トランプもまた、知っているのか知らないのかわかりませんが、ローマの歴史を参考にしているかのような発言が目立ちます。決して知性的ではないが、その動物的な勘のよさ、そこがレーガンの再来と言われる所以でしょう。

まして、ヨーロッパ諸国が、ローマの歴史を知らないはずがありません。ところが、ヨーロッパは、ご存じのように国境を接している地域です。したがって、孤立主義など守れるはずがありません。

守れないのであれば、統合してしまえということで、ＥＵが生まれたのです。しかし、それぞれ違う問題を抱えていて、当然のことながら経済事情も違う国が一緒になるのは難しく、たまたま地続きではないイギリスは離脱の道を選びました。

一方、かつてのアメリカが、なぜ孤立主義を理想にできたのか。それは、アメリカが海の彼方の国で、孤立が可能だったということが一つあります。

世界地図を見ればわかるように、アメリカは「偉大な島国」です。北にカナダ、南にメキシコがありますが、開拓当時、カナダもメキシコも未開の土地で住む人も少ない地域でした。ですから自らが「未開地」を侵略する主体にはなっても、侵略される心配はまったくありませんでした。

つまり、あの北米大陸という「大きな孤島」自体、元来、孤立主義が最適な土地柄だったということになります。それゆえ、アメリカ人になろうという人々はみな、あらかじめそれに見合った思想を持って、大西洋を渡っていったのです。

移民拒否はアメリカ建国の志に反する

一六二〇年、最初にアメリカに入植した人々を「ピルグリム・ファーザーズ」と言います。ピルグリム・ファーザーズとは「巡礼始祖」という意味です。

彼らはオランダ系やイングランドからのピューリタン（イギリス国教会の改革を唱えたプロテスタントのグループで、清教徒と訳される）で、とくにイングランドではイギリス国教会から弾圧されて行き場がなく、ヨーロッパをあちこちさまよっていました。そして、最後に思い切って海を越えようというので、たどり着いたのがアメリカ東海岸のいわゆるプリマス・ロック、現在のマサチューセッツの海岸にある上陸地でした。

そういう意味で、たしかに彼らはアメリカ建国の植民者であり、移民ではなかったのでしょう。移民というのは、すでにできあがっている社会にあとからはいってくる人のことだからです。ところが、彼らには、じつは国を建てようという気持ちがありませんでした。

彼らが乗ってきたメイフラワー号がよく知られているために、彼らこそアメリカ建国の祖と思われる方も多いようですが、じつはそうではありません。

本当の意味でのアメリカ建国の先駆者は、さらに一〇年後の一六三〇年に、一〇〇〇人ぐらいの配下を連れてアメリカへ渡った、熱烈なピューリタンでイングランド東部の封建領主でもあったジョン・ウィンスロップです。

彼の率いるこの集団ももちろん熱心なピューリタンで、イギリス国教会やそれを強制する王室は、ローマ・カトリックと同様に「悔い改めない腐敗した宗教」であると主張し、国教会を「地獄に落ちる魂を再生産する悪魔の館である」とののしってイングランドを捨てた人々です。

そんな彼らを王は取り締まろうとしますから、イングランド全土で犯罪者扱いをされました。そこで、この「悔い改めない宗教」「悪魔の館」でない、新たな、清らかな宗教の支配する国を打ち建てようとしました。彼らは、はっきりと建国の意志を持ってアメリカへ渡ったことになります。

そこらあたりが、ピルグリム・ファーザーズとの大きな違いでしょう。言ってみれば、ピルグリム・ファーザーズは〝流浪の民〟に過ぎなかったのです。ですから、彼らはヨーロッパでは、各地の沿岸をさまよう物乞いの集団を意味する「シー・ベガーズ」とも呼ばれていました。

それから四〇〇年近くを経た今、トランプの移民政策は、あたかもこうしたさまよえる民族の受け入れを拒否している「閉ざされたアメリカ」に見えます。

アメリカ建国の志が、当時のイギリスやヨーロッパからの決別だったとして、トランプはそうした歴史や立地にふさわしく、建国の昔に立ち返り、偉大な孤立主義の国を目指すためにそうしているのではなく、もっぱら自らの都合で国を閉じる「エゴの塊」としてのアメリカを目指しているかのように見えます。ですから、孤立主義と一口に言っても、理念的にはまったく正反対の位置づけになるのです。

三回の「独立戦争」で一つになったアメリカの特殊性

ここで、トランプの「孤立主義」の正体を見極め、その行く末を占うために、かつてのアメリカを作った「名誉ある孤立主義」が、いかなる困難を乗り越えて達成されたかを見ておく必要があります。一口にイギリスからの独立と言っても、独立を勝ち取った戦争自体、苦難に満ちたもので、そもそもイギリスからの独立戦争は、じつは一度だけのものではなかったのです。

普通、アメリカ独立戦争と言えば一七七五〜八三年の戦争とされますが、本当にイギリス軍の再占領の可能性がなくなったのは、一八一二〜一四年の、いわゆる「米英戦争」の勝利によってなのです。

そもそもアメリカは、合計すると三回も、「建国のための独立戦争」をした特殊な国家なのです。

最初は、ウィンスロップが行ったもので、マサチューセッツ植民会社が中心となってイギリスに不介入の約束をさせたもの、二番目が今までも触れてきた、イギリスからの二回のいわゆる「独立戦争」、そして最後は南北戦争です。南北戦争はアメリカ国内の内戦で、独立とは関係ないと思われるかもしれませんが、じつは本当の意味でのアメリカの独立のための重要な役割を果たした戦争だったのです。

前項で述べたように、アメリカの最初の建国は十七世紀の前半です。彼らは精神的に旧世界を捨てて、一族郎党、家畜や農機具まで持って移住しました。

彼らは、母国を捨てる証として、イギリス王室にお金を上納し、特許状を得ることにしました。特許状には、「あなたがたの新しく切り拓く開拓地には、イギリス国家は介入しません」という意味のことが明記され、国王の署名もされました。これが第一の独立のための戦いです。

そういうものをテコにして、アメリカの北東部、東海岸に続々とピューリタンたちが植民していきました。彼らは国を作ろうとした建国者であり植民者でした。彼らのことを「コロニスト」と呼びます。「ノアの箱舟」のようなものと言えるでしょう。

彼らの頭にあったのは、明らかにこの旧約聖書からの連想、インスピレーションでしたから、アメリカのキリスト教だけは、今でも新約聖書よりはるかに旧約聖書を重んじています。

彼らアメリカ人の中には、ダーウィンの進化論をはなから信じず、この世を創り、人間を創ったのは神であると、単なる宗教上の「神話」としてではなく、実際にそう信じている人が、じつは今でもたくさんいるのです。建国以来その中心にいたピューリタンは、旧約聖書を文字通り受け入れるという信仰に心の支えを見出しているのです。

そして、そうした教義に則って、一六三〇年から本格的にマサチューセッツ湾がピューリタンの植民地として、「国家」の形態を取るようになります。自らの考えで裁判所、政府などの公共機関を作り、選挙で代表者を選びました。

マサチューセッツの最初の代表者はジョン・ウィンスロップ自身でしたが、こうした形態の「国家」は東海岸の各地に次々と、ばらばらに生まれていきました。それが百数十年経って、各々一つのまとまりになってくると、イギリスから総督が派遣されるようになります。それらがそれぞれ州になっていったのです。今でも、州独自の法律があるのはその名残りでしょう。

「強いアメリカ」「偉大なアメリカ」を作った苦難の歴史

それらが十八世紀に入り、州の形ができあがって徐々に大きくなっていくと、今度は外敵に狙われるようになりました。インディアンと戦ったり、オランダやフランスが攻めてきそうになったりしたとき、かつて「介入しない」と約束したイギリスが乗り出してきて、州ごとに役人を送ってくるようになります。

守ってやるかわりに税金を払え、というわけです。「悪の帝国主義国家イギリス」に搦（から）めとられそうになったアメリカは、独立を目指して戦いました。これが第二の建国の戦いで、ワシントンやジェファーソンたちが起こしたいわゆる独立戦争です。

現代のアメリカ人が、もっとも重要視するのは、この独立戦争です。この戦争の結果、イギリスに勝ってイギリス勢力を追い出し、憲法を作り、そして何よりも、これらに先立って独立宣言を発したからです。

そして三つ目の「建国のための戦い」であった南北戦争は、今日アメリカの歴史で呼ばれる「内戦」（The Civil War）などではなく、一定程度、独立国家であった各州を連邦政府が軍事力で征服した戦争だったのです。これは、現在の連邦国家アメリカを建国する戦いでした。つまり、それまでは現在のEUのようにバラバラだった各州を統合して一つの国、外国と対等に渡り合える真の独立国を生み出した戦争、それが南北戦争だったのです。

しかも南部で解放された奴隷などの労働力が、北部の工業化を進める社会に移動することで、アメリカの工業生産力は飛躍的に上昇し、アメリカは世界に冠たる経済大国・強国へと突き進むことになったのです。

アメリカの名誉ある孤立主義も、こうした国内の経済が活力に富んだ「強いアメリカ」が背景にあって初めて成り立ちます。そしてその「強いアメリカ」も、今見てきたように一朝一夕でできたものではありません。

そして今、トランプが描く「強いアメリカ」「偉大なるアメリカ」が、こうした苦難の歴史、三度の独立戦争を、どれほど肝に銘じているかは疑問なのです。

神に選ばれし民の選民思想はトランプ登場で消えた

この章の前半でも触れたように、「もしかしたらトランプは、一〇〇年前の〝名誉ある孤立主義〟と似たことを目指しているのか」と思う人がいるかもしれません。

「メキシコとの国境に壁を作る」「外国から基地を引き揚げることも辞さない」「いかなる国も、自分の国は自分で守るべき」などと公言するトランプの言動が、かつての孤立主義を連想させるからでしょう。

しかし、この問いに対する私の答えは否定的です。トランプの主張は、たしかにかつての孤立主義に似ているようで、じつは、まったく違っているからです。

前項で述べた建国の歴史を改めて読んでいただければわかるように、アメリカの建国思想を支えた精神的なバックボーンは、明確な理念でした。

明確な理念が最初にあって、彼らは共和国という理想郷を作ろうとしたのです。一人ひとりが神と直結して、理想郷を作るのだということに価値を置きました。それは、キリスト教の倫理と近代啓蒙主義に裏づけされた民主主義と言えるでしょう。

そういう思想と一緒になっていますから、原則的に個人主義です。しかも、ピューリタニズムは、イギリスの国王に反抗してできあがったイデオロギーなので、基本的に自由を重んじ、三権分立を徹底させて政治権力の制約につとめます。

一方、ウィンスロップたちが必死に信仰上の理想郷を作るために戦っていたころ、イギリスにも大きな変化が起きました。十七世紀前半、イギリスでは、議会が国王と戦うための拠点となっていたのですが、このころ、ピューリタンたちが支配するイギリスの議会と国王が武力を使った本当の戦争をしていて、内戦状態になっていました。これをザ・グレイト・シビル・ウォー（The Great Civil War 大内乱）と言います。

その結果、議会側が勝利し、イギリスは国王チャールズ一世を死刑に処して共和制の国家になっていました。これが、クロムウェルの作った共和国です。この「ピューリタン革命」と呼ばれるイギリス共和国の成立は一六四九年ですから、日本で言えば、三代将軍家光の末期のころです。

ですから、イギリスとアメリカとの仲は良好なものになり、同国人という意識も芽生えるようになっています。当時のアメリカの孤立主義は、こうしたバックボーンができあがったところでの孤立主義だったのです。

トランプが描くアメリカに「丘の上の町」の思想はあるか

孤立主義の象徴となるのは、ウィンスロップが、大西洋を渡るときに船の中で行った有名な「丘の上の町（City upon a Hill）」と題する説法です。彼は次のような意味の説法をして、自分の理想を語りました。

「我々は、世界の模範としてすべての人々の目が注がれるような丘の上の町を作らなければならない。この丘の上の町を、人々は見上げるだろう。我々は、彼らを睥睨（へいげい）する、すなわち見下ろすことになるから、みんなの模範になるような町を作らなければならないのである。

我々は孤高を保って、道徳的な模範を世界に示し、外交や軍事に関わることでは彼らとは付き合わないようにすべきなのだ。しかし、こんなに立派な天地を作っていることを世界に示すべきなのである」

このウィンスロップの説法の中には、「我々の作った町を見習って、あなたがたも理想の町を作ってはいかがですか」という、最近まで続いてきた高邁（こうまい）でなおかつ高慢な「理想郷思想」があります。これがアメリカという国の根本精神であり、隅々まで行き渡ってきていたのです。

これは、新しい国家であるアメリカにとって欠くことのできない思想です。これが日本やヨーロッパなど、長い歴史と文化を持つ国であれば、自分たちの存在理由を改めて考える必要はありません。

日本人であれば、ずっとこの島に住み続けていて、お米を作り、八百万の神を信じて生きてきています。ところが、全員が開拓民だったアメリカでは、それを説明する必要があります。

なぜならば、同じ言葉を話し、同じ制度を持ち、同じ先祖を持つ人々が、海の向こうのイギリスにはいるからです。しかし、そんな彼らと付き合わないことを決めて、ここへやってきた彼らです。海の向こうの「彼ら」と自分たちを区別するためには、ことさらに「ここにいる理由」が必要なのです。

というわけで、建国時代の移住者たちは、思想やイデオロギーを持つことが、アメリカに住むための絶対条件でした。さらに言えば、自分たちは「選ばれた民」であるという選民思想も、アメリカという国家が成り立つために必要な思想的装置だったのです。

そもそも、これをなくしたら、アメリカ国民はまったく「立つ瀬」がなくなります。しかし、このトランプにそれがあるでしょうか。

彼の言う「強いアメリカ」には、模範となる思想も理想もなく、あるのは、アメリカだけが強くなればいい、という利己主義であると言ったら言いすぎでしょうか。そこには「丘の上の町」として、みなが憧れるようなアメリカ像はまったく描かれていないのです。

ですから——もし、四年ないし八年の任期を全うしたら——トランプが作るアメリカはおそらく急速に堕落し、衰退し、社会としての生命力が枯渇してしまうと私は考えています。そういう意味で、トランプはアメリカの存続にとって極めて「危険」な人物なのです。そのため、理念の共和国ゆえに世界の覇権国となった「アメリカ帝国」が、いよいよ終わりを迎えているのではないか、と思われるのです。

「トランプ現象」はアメリカの理想主義の終焉

これまで、アメリカの建国史を、かなり詳しく述べてきました。それは、「アメリカ建国」の歴史こそが、今日のトランプ現象を診断するうえで非常に重要なことだからです。

アメリカが建国以来掲げてきた理想や思想はもちろん、建前の部分がたくさんあります。それはどんな組織にも言えることであり、本音は別にあるという場合は往々にしてあります。

この本音と建前は、ポジとネガのようなものと言えるでしょう。どちらかが成り立てば、どちらかが成り立たない関係にあります。

それでも、建前を失うことは、組織のすべてを失うことになる危険があるがゆえに、あくまで建前を前面に掲げる必要があります。建前を明白に否定することなく守りつつ、できるだけ穏便に本音を実行していくという、その微妙なバランスをとることで、組織や社会、国家というものは存続できるのです。

とくに、歴史や伝統といったよりどころを持たないアメリカにとって、たとえかなり偽善的であっても、人一倍、建前や理念、つまり今日で言うPC（political correctness ポリティカル・コレクトネス）と言ってもよいものを掲げることは、アメリカがアメリカであるために絶対不可欠な前提なのです。PCとは、政治的、社会的に公正で公平で中立的で、しかも、差別や偏見を含んだ言葉や用語の使用を、神経を使いながら注意深く避けることを言います。

しかし、トランプ及びトランプを選んだアメリカは、建前を忘れてしまったようです。金融中心に組み立てられた市場原理が強く働いた結果、二〇〇〇年代のアメリカでは急激に貧富の差が広がり、いわば一握りの富裕層と圧倒的多数の貧困層ができあがってしまったために、もはや建前を維持できなくなっているのでしょう。

ですから、トランプのような人が大統領になるということは、「アメリカの理想主義が終わりつつあることの証」なのです。トランプ現象はおそらく、アメリカの思想史的な意味での重要な「分岐点」を成すできごととして将来長く語り継がれることでしょう。

アメリカの宿命である「人工国家」の強みと弱み

たしかに、今もアメリカは他を圧倒する経済力を有し、物質的に大変豊かな国です。ですから、こうした建前とか理想とかという理屈をつけなくても、アメリカに移住したいと考える人は多くいましたし、今も多いのです。

生活水準が高まることを望んだ人々は、理念などあまり考えることなく、こぞってアメリカにやってきました。たとえば、一七六〇年ごろのイギリス本国の貧民である若者の体格と、アメリカの農場に雇われた若者の体格を比較した統計があります。

それによると、アメリカの植民地で生まれ育った若者のほうが、身長がすでに数センチほど高いのです。それは、アメリカに行けば、日常的に肉を食べることができるから、とされたのでした。

当時のイギリスの貧しい家庭の若者は、めったに肉を食べるチャンスがなかったのです。ですから、西インド会社などの植民会社が若者を募集し、彼らを騙して一種の「白人奴隷」としてアメリカへ連れ出すときは、「アメリカへ行けば肉が食べたいだけ食べることができる」ことを売り文句にしました。

これは、大量の黒人奴隷を南部のプランテーションなどに連れてくる前のことですが、こうして騙されたイギリスをはじめとするヨーロッパの若者たちは、「白人奴隷」として農作業にこき使われました。彼らは、アプレンティスと呼ばれる「徒弟奉公人」として、「肉を食べられる」という言葉に惹かれて海を渡り、その移住費用を前払いしたことにして一〇年間もただ働きをさせられたのです。

この体格をめぐる英米間の差は、二十世紀になると次第に縮まり、今はそれほどの差はありませんが、少なくとも第一次世界大戦までは、アメリカの兵士の体格はイギリスの貧民と比べると「すばらしくよかった」とされます。

話が少しそれてしまいましたが、要するに大事なことは、アメリカという国は、自ら進んで孤立することを前提にして、人々が移住してきた基礎の上に建国された「とてつもない人工国家」だということです。それが、自然発生的に人が集まっていった他の大陸の国々との大きな違いです。

どうして、大西洋という大海を越えた先に集まって人工国家を作ろうとしたのか。

それは宗教的な理由とともに、アメリカが大変豊かである、肉が食べられるなどの理由もありますが、もう一つ、安全だということもあったと思われます。

アメリカ大陸にはインディアン以外の敵は存在せず、南部にいるスペイン人や、カナダから入ってくるフランス人を追い払えば敵はいなくなります。アメリカは、どんな信仰でも邪魔されず、豊かで安全な人工国家を容易に作ることができたのです。つまり結局は、そうした豊かで安全という物質的な条件の重要性も、アメリカという国の本質を考えるときはしっかり視野に入れておく必要があるのです。

衰亡のシナリオ4

アメリカに潜む階層・差別の矛盾を露呈するトランプ

階級社会が存在しない移民の国アメリカ

現代の国家は、トランプが目指すような「アメリカ・ファースト」、物質的な豊かさやエゴイスティックなだけの孤立主義では成り立ちません。

アメリカという国も、最初はキリスト教の伝統を守りつつ、植民地が独立を達成してできた国家です。ところが、イギリスから独立するための、「二回目の独立戦争」（一七七五〜八三年）のときの独立宣言（一七七六年）で、アメリカはピルグリム・ファーザーズやウィンスロップらのピューリタニズムに彩られた強い宗教色を薄めてしまいます。

独立宣言にある「人はすべて平等に生まれている」「人は、生命や自由や幸福を追求する権利を持っている」という本質的に現世的なイデオロギーを国家のバックボーンにするということは、ある意味では、キリスト教を捨てたことになるのです。

アメリカへ最初に移住したのは、すでに述べたようにイギリス国教会に反発する熱烈な信仰をバックボーンにしたピューリタンでした。

したがって、アメリカという国は、そもそもの最初は、「神の国」「キリスト教共和国」として発足しました。イギリス、ひいてはヨーロッパとは違う〝清らかな国〟をここに作るというのが、彼ら初期ピューリタンの理想でした。

ところが十八世紀になると、次第に啓蒙主義が広がり、唯物思想が入ってきて、宗教が人々の政治や社会の行動を支配する力がだんだん衰えていきました。

そこで、近代思想が生まれてくることになりました。その思想の一環に、「自由」「平等」「博愛」といった、フランス革命（一七八九年）の理念などと共通するイデオロギーがありました。アメリカの独立宣言は、これらの理念を一足早く先取りしたのです。

ですから、アメリカの独立宣言は、宗教色が非常に薄まりました。一読してわかりますが、独立宣言は、それまでは聖書の一節を引用するのが当たり前だったアメリカ人の文章としては、際立って無神論的です。

たしかにそこには、「共和国」「民主主義」「人権」「法の支配」など、今に続くアメリカの価値観の基本が表れています。そして、それに沿ってアメリカ合衆国憲法は作られたのです。

また、ヨーロッパにはあったような階級社会がアメリカには存在しません。それが、今も、アメリカ社会を特徴づけています。移民社会ですから、たとえば、トランプの父方の祖父母は、二人ともドイツから移住してきたプロテスタントです。祖父はドイツの貧農出身で、一八九〇年ごろ、アメリカにやってきました。

つまり、宗教とはほとんど関係なく、失礼ながら、食い詰めて、つまりドイツでは食べられなくなって渡ってきたのでしょう。そして、年ごろになったとき、ドイツへ帰って、奥さんを見つけてアメリカに連れ戻り、トランプの父親が誕生しました。

また、トランプの母親はスコットランド出身のイギリス人です。スコットランド西部にある極貧の島、ルイス島から移住してきました。

日本人にはわからない、トランプがプロテスタントである意味とは？

トランプがプロテスタントだということは何を意味するのか。私たち日本人にはわかりにくいところですが、これを整理しておく必要があります。

プロテスタントの信仰、とりわけピューリタンが理想とする社会には、端的に言えば、現世の支配者が教会も支配するという考え方があります。それは古代日本に似ていて、そこでは皇室、たとえば聖徳太子が仏教の頂点にいて、教主という立場を持っていました。つまり、プロテスタントは世俗権力と融合しているのです。

それに対して、カトリックというキリスト教の主流には、国王とか貴族という現世社会の権力とはまったく別系統のものとしてできあがった教会組織があり、聖と俗の両系統が並存しています。

カトリック教会のトップにいるのはローマ法王であり、かつて法王は各国の国王よりも上位に位置しましたが、近代に入ると世俗権力を政府に譲り渡し、今では国家権力と並存しています。つまり、近代に入るとローマ法王と神聖ローマ皇帝及びそれにつながる各国の国王が、聖・俗のそれぞれのトップとして並立しているという考え方が、大陸ヨーロッパのカトリック教国やドイツ、北欧などでは確立されました。

一方、イギリスという国の頂点には、カトリック的な教義を残したイギリス国教会があります。しかしそのイギリスでは、国王がイギリス国教会のトップとして教会権力の長も兼ねています。たとえば今ならば、エリザベス女王がイギリス国教会の組織の最高位にあります。しかし、女王は聖職者ではなく俗人です。

ですから、イギリスでは国王が形だけ「教会の首長」で、実際に取り仕切るのはカンタベリー大司教です。また、イギリスの王族はすべて国教会に属しています。これは、日本において、専門の聖職者でない天皇陛下が「祈り」の祭祀を行うことに少し似ています。

英語圏の国々では、このイギリス王室につながるイギリス国教会に属することが、その人の社会的地位の高さを示すことにもなります。

たとえば二十世紀になると、アメリカでも、社会的なエリートになるためにイギリス国教会に改宗する人が出てきました。

しかし、信仰などの精神的なものをあからさまに馬鹿にしているように見える初めての米大統領、トランプの登場で、イギリス国教会の権威も失われるかもしれません。

もっと言えば、「現世の支配者」であるトランプの作るアメリカは、宗教を捨て、一段と唯物主義へ向かうアメリカの一つの帰結となるかもしれません。

真の「ハイソ」は政治家にならないアメリカでトランプは？

トランプはプロテスタントですが、じつは、レーガンもクリントンも、庶民階級の出身でプロテスタントです。ただプロテスタントにもさまざまな教派があり、たとえばアメリカでプロテスタントの最大の教派はバプティスト（洗礼派）です。

バプティストは、もともとは幼児洗礼を認めず、自らの信仰告白をしたときに、全身を水に浸して洗礼を受けるというバプティズムを主張しているところから、バプティストと呼ばれています。

この教派では、各教会が独立して自治を行っていて、政教分離を主張しています。

十七世紀初期に、イギリス国教会に迫害されてアムステルダムに逃げたジョン・スミスが創立し、アメリカに渡ったピューリタンによってアメリカ全土に広がり、信徒には黒人も大勢いて、主に社会の底辺をも含む庶民層を中心に広がっています。

ところがレーガンは、社会的に上昇志向が強く野心満々だったので、自分が生まれた家が属し、自分が洗礼を受けた教会を捨て、より上位のプロテスタントである、ハイソサエティの教会、すなわちイギリス国教会に改宗しています。

日本ではこれを「聖公会」と呼んでいますが、立教大学などはこの系統の大学であり、アメリカでは昔から、こうした教会に属していると、中流から上のいわばエリート社会、あるいはハイソサエティでも同等に受け入れられるという傾向があります。

プロテスタントの教会は、すでに述べたように、各教会が自立しているせいか、属しているメンバーによって階層化されています。これは、有名なC・ライト・ミルズというアメリカの社会学者が分析した客観的な社会統計でも証明されています（C・ライト・ミルズ『パワー・エリート』）。

ですから、表面上、平等を根本的な社会理念としているアメリカでも、社会の階層ということで言えば、ヨーロッパに似た——つまり日本にはもはや存在しないような——厳然たる社会階層が存在しているのです。じつはアメリカは、日本などよりもはるかに階級的な社会だということは知っておく必要があるでしょう。

こうした社会のピラミッドから言うと、トップはやはりイギリス国教会ということになります。ここに属している人、たとえばブッシュ家などは、富の力もあって生まれたときから社会の超エリートとされ、名門家系と言われます。

とくに、東部のニューヨーク、ボストン、フィラデルフィアなどの社交界では今でも、イギリス国教会の所属であれば問題なく入会が認められることが多いのです。

名門ゴルフクラブの入会審査や、イェールやプリンストンなど伝統ある大学の寄宿舎の入寮審査なども、ついこの間までは宗教まで記入することになっていて、トップレベルの教会に属していればすんなり入ることができたと言われます。

しかも、根っからのハイソサエティ出身の人は、職業として政治家を選びません。アメリカでも上流へ行くと、政治家はどちらかと言えば「卑しい職業」として忌避されています。

もちろん例外はあり、たとえば、ロックフェラー財閥出身のネルソン・ロックフェラーは副大統領になりました。しかし、彼は、政治好きのロックフェラー家系ゆえの例外でしょう。「政治に関与するな」というのが、どこの国でもれっきとした上の階級の考え方です。トランプなど「例外」というのも的はずれで、もともと「上の階級」に属していたわけではありません。

トランプに宗教を利用する野心はあるか

いずれにせよ、社会的にいろいろな社交の場に入れてもらったり、名門ゴルフクラブに入会しようとしたり、自分より上の階層からお嫁さんをもらったりしようと思ったら、改宗する、あるいは同じプロテスタントでも属する教会を替えるのが手っ取り早い方法になっています。

たしかに、一九七〇年代以後はこの傾向も少しずつ弱まり、見えにくくなってきて、あまりこだわらなくなったようです。それでもやはり、口には出しませんが、今でも厳然として残っていて、あの平等主義のアメリカであっても、社会階層的な各教会の位置づけがはっきりとあることは我々も知っておくべきでしょう。

日本人にはなかなかわかりにくいところですが、このようなキリスト教社会の中で、トランプ・ファミリーと宗教との関係がどうなっているかは興味深いところです。

ローマ法王がメキシコ訪問を終え、「人をつなぐ橋を架けるのではなく、壁を作ることだけを考える人はキリスト教徒ではない」と言ったとき、トランプは次のように法王を批判しました。

「宗教者が他人の信仰を疑問視するなどみっともないことだ。宗教指導者が、他人の宗教を疑問視する権利はない。私は、自分がキリスト教徒であることを誇りに思っている」

この発言は、トランプの支援者たちに、票にひびくのではないかという不安を抱かせましたが、そんなことはありませんでした。選挙スタッフは法王の権威を無視していると思われるのを恐れたのでしょうが、トランプの票の大半は白人のプロテスタントだったからでしょう。

また、トランプの娘・イヴァンカの結婚相手であるジャレッド・クシュナーは厳格なユダヤ教徒ですが、トランプは、改宗しなければ結婚できないというユダヤ教の教義に従って、イヴァンカが改宗することを認めています。

これらのことから、どうやらトランプには、宗教を利用してハイソサエティ階級になりたいという欲求はなさそうです。逆に言えば、「親ユダヤ」をアピールして一部のエスタブリッシュメントにも信用されるような政治家として生きる道を選んだのかもしれません。

自由・平等を説くはずの宗教が差別の元凶になっている

こう見てくると、アメリカが「自由で平等の国」であるとされているのは理念に過ぎないことがわかるでしょう。それはピューリタンの聖書のような宗教言語と同じで、アメリカがいかに素晴らしい国であるかを、教育やマスコミの場、あるいは政治家が演説などで訴える、「国家としての神話」の一部なのです。

前項で述べた通り、アメリカはじつは人種差別だけでなく、階層差別の激しい社会です。ただし、上へ行こうと思ってがんばればたしかに「上へ行ける」というアメリカン・ドリームが、かつては本当の話として信じられてきました。

そして、それが信じられている間は、自由、平等というイデオロギーを人々は信じるのです。つまり、教育現場も政治家も、自由で平等だと言いますが、それは、今現在、自由と平等が完成した形で存在している、という意味で言っているのではないということです。

「がんばればどこへでも行けますよ。障壁はありませんよ」というのは、あくまで理念の域を脱していないのです。

そこが、イギリスとの大きな違いです。イギリスでは、今も正式に貴族という制度があります。また、イギリスはちょっと特殊な国で、決して国民が国の主権者として認められているわけではないのです。こう言うと驚く人が多いのですが、主権を持っているのは国王と議会であり、端的に言うと両者が半分ずつ持っています。

ですから、議会における王（King-in-Parliament）として、国王が議会に行って、両者が合意すれば、そこに主権が発生するわけです。

これは、かつて、国王と議会が争って、国王が負けた場合、国王が処刑されるか国外追放されるという状態から脱するための苦肉の策でした。つまり、どちらか一方に主権を専属させたら、流血のもとになるので、一六八八年の名誉革命以来、こうした「国体」ができたのです。

このように、主権は、両者がそれぞれ分かち持つというのが、イギリスの民主主義の基礎になっています。ですから、イギリスは民主主義国家ですが、国民主権の国ではありません。

というわけで、イギリス社会は、「あからさまな不平等が国の制度の中に組み込まれた国」であり、それは社会に容認されている事実ですから、根本から問題視する人はいません。

知られざるプロテスタント教会の階層化とは

それに対して、アメリカはどうでしょう。アメリカという、自由と平等を建前にしている国が、一歩政治を離れ、社会の話になると、アメリカ建国のバックボーンであるはずの自由と平等は理念としても、もはやかなり消え去りつつあります。

プロテスタント教会に階層化が自然に起こっていて、トップにはイギリス国教会がふんぞりかえっています。

ただし、この「国教会」のことを、アメリカではイギリス流に「アングリカン・チャーチ」とは言わず、「エピスコパリアン」（米国聖公会、監督教会）と言っています。

「あなたはどこの教会に行っていますか？」

「エピスコパリアンです。ボストンのダウンタウンにあるエピスコパリアン教会のメンバーです」

「おー！　それはおみそれしました」

こんな感じになります。

その次に幅を利かせているというか、スノッブなアメリカ人から尊敬されているのは長老派教会「プレスビテリアン」です。プロテスタント教会には神父や司教がおらず、信徒が平等の立場なので、取り仕切る人々を長老と呼んでいるのです。

この教会を作ったのは、主として、アメリカへ移住してきたスコットランドの比較

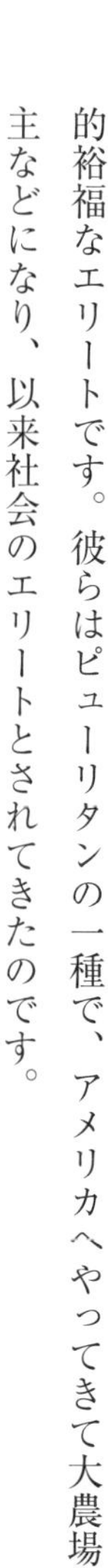

的裕福なエリートです。彼らはピューリタンの一種で、アメリカへやってきて大農場主などになり、以来社会のエリートとされてきたのです。

トランプはアメリカという国の隠れていた「根本矛盾」をさらけ出した

その次の順位は、たぶん「コングリゲーショナリスト」（会衆派）という組合派教会でしょう。社会学者のミルズも言っていることですが、このように、アメリカのキリスト教会は、社会階層的には国教会、長老派、組合派（そしてメソジスト、さらにはバプティスト）というふうに「ピラミッド」型になっています。

日本の社会でおそらく一番目につく機会が多いのは、この三番目にあたる組合派のプロテスタント教会で、日本の多くのミッションスクールもここに属しています。

また、このキリスト教会の順位にはさらに下があって、それが、先に述べた「バプティスト」です。人口比で言えば、この階級に属する人がもっとも多いのです。

すでに述べたように、クリントンもレーガンもこの階層の出身で、黒人や改宗したアジア系の人の多くもここに属しています。

さらに言えば、ヒスパニックはほとんどがカトリックなので、こうしたプロテスタント内部の階級差には無縁なのですが、じつは、伝統色の強いアメリカの一部のコミュニティでは、カトリックは「さらに下の階級」とされています。

アングロ・サクソン特有の伝統的な反カトリック、あるいはカトリック蔑視の強固な風潮の中で、歴史上長く迫害・差別されたこともあるアメリカのカトリックは、二級市民という扱いを受け、昔は政治家にもなれない階級でした。東部の名門大学も、古い時代は陰に陽にカトリックには門を閉ざしてきました。つまりアメリカでは、カトリックはユダヤ教徒とほぼ同じ扱いを受けてきたのです。

ですから、カトリックとして初めてジョン・F・ケネディが大統領になったとき、一大センセーションを巻き起こしたわけです。そしてケネディ以後は現在まで、大統領になったカトリック教徒は他にいません。しかも彼は、アングロ・サクソンからは蔑視されてきたアイルランド系アメリカ人としても最初の大統領だったのです。

ですから、反感を抱く人も多かったと見えて、暗殺されたのはそのためだという噂も流れました。

イギリスであれば、ピューリタンやイギリス国教会信徒をはじめとするプロテスタントの人々が、ごく最近までカトリックの人々を差別し忌み嫌ったのは、宗教戦争以来の歴史を考えれば極めて当然のこととされ、十九世紀になってもカトリックは選挙権も持っていませんでした。さらに一〇〇年ほど前まで、オックスフォード大学やケンブリッジ大学は、カトリックの入学者を一定数以下に制限していましたし、ユダヤ教徒は長らく一人も入学させていませんでした。

英米ではこれほどカトリックが嫌われ、歴史の上でも長らくユダヤ人と同じ扱いを受けるなど、私のようにイギリスやアメリカの研究をしてきた人間でさえ、実際に両国に住んでみるまで知らなかった事実です。ですから、おそらく、ほとんどの日本人はご存じないでしょう。

つまり、アメリカは、イギリスのようにはっきりした身分制度がない分、大きな「隠された階級」に基づく差別や矛盾を数多く隠している国だということです。トランプ大統領への、アメリカ国民の意外なほどの奇妙な支持という「トランプ現象」も、人種差別以外にも存在するこの隠されたアメリカの大いなる矛盾を前提に考えないと、とんでもない勘違いをしてしまうことになりかねないのです。

トランプはアメリカ人が口にできない本音に訴えた

もちろんアメリカには、人種などもともと他の国よりも強固な「差別の構造」があることは知られています。しかし、その差別は、人種問題だけだと思っている人が多いのではないでしょうか。警官が理由もなく黒人を射殺したり、白人至上主義者がいたりするので、それが一番見えやすいのでしょう。

しかし、至るところに、人種問題と同じような種類の差別、たとえば階級差別、人間集団間の格差など、露骨な差別があります。しかし、アメリカ人にとって、それは決して口にしてはならないタブーでした。

さらに近年は、女性蔑視の言葉を吐いたり、いろんな少数者に対して暴言を吐いたりしてはいけないとされてきました。

ところが、トランプはそんな気遣いを正面からぶち破って大統領に選ばれました。これは、アメリカが一致して守ってきたタブーを破るという一大事件です。思想的に、ものすごいことが起こったのです。

そして今度は、対照的に「何を言ってもいいのだ」と思うようになったアメリカ人は、あちこちで差別をむき出しにした本音を口にし始めています。たとえば、白人の若者などが、公衆の面前で、平気で日本人を含む有色人種を罵倒するなど、その傾向はどんどん広がっています。そういう意味で、トランプは日本人が知らない「矛盾の国・アメリカ」の象徴となったのです。

私なども、アメリカで長く暮らしているうちに、自分が有色人種であることを何度も思い知らされたものです。たしかに日本人なら、最初のころは白人社会に歓迎されます。ですから、そのうち、自分も白人の一員として扱われているように思えて居心地がいいのです。

ところが、三年、四年と経つうちに、自分のアイデンティティは根本的に有色人種だということを感じざるを得なくなっていきます。

　これは周りの目が次第にわかってくるからです。通りすがりに、ひそひそとしゃべる、その口走る言葉が少しだけわかってくると、「ああ、こんな風に思われているのだ」ということになるわけです。

　多くの日本人は、アメリカに長く滞在することがなく、あるいは大学や地域社会でも深く接触しないので、社会全体の雰囲気はつかめないまま帰国します。ですから、いわゆる「知米派」の日本人でも、そこまでのことに気づかないのでしょう。「アメリカは差別のない自由な国だ」と思い込んで、周囲にもそれを広めるのですが、実態は、決してそんなに甘いものではありません。

　その意味では、トランプこそが隠し立てのない本音のアメリカそのもの、本当のアメリカなのではないかという、今度は対照的に、これまた歪んだアメリカ観が広がり始める兆しがあります。

衰亡のシナリオ5

失敗した「アメリカ化」と、アメリカ・ファーストの行方

冷戦後のアメリカ外交は最初から間違いだらけ

二〇一六年、アメリカの政治学者マイケル・マンデルバウムが、『失敗した使命：冷戦後時代のアメリカと世界』（Michael Mandelbaum, *Mission Failure: America and the World in the Post-Cold War Era* 本邦未訳）という本を出版しました。

この本は、アメリカの一極時代（ユニポラー・モーメント）に揺らぎが生じ、二十一世紀に覇権を失いつつあるのは、湾岸戦争以後、冷戦終焉後のこの二十数年のアメリカの対外政策が間違っていたからだという反省の書になっています。つまり、冷戦後のアメリカ外交は最初から失敗だったということです。

いまだに「一国覇権主義の時代」を謳歌していたはずのアメリカで、主流派の有名な学者によってこのような本が出版されることは、「アメリカもようやくわかってきたのか」との感を禁じ得ないのですが、マンデルバウムは、とりわけアメリカは中国とロシアへの対応を間違え、さらに中東問題やテロの扱いも間違えてしまったと言います。

この二十数年、アメリカの一極支配の志向そのものが間違いだった、要するに、世界のあまりにも多くの挑戦を本質的にアメリカ一国だけで解決できる、と考えたことが誤りだったということです。

なぜならば、冷戦後、ソ連も崩壊して、大きな脅威はなくなっていたからです。とりわけ、アメリカの外交官ジョージ・ケナンが唱えた選択もあり得たはずでした。

ケナンは、一九四〇年代の末にソ連の封じ込めを柱とする冷戦計画を発表しましたが、東西対立が激化し、自らが発案した封じ込め政策がやがて軍事化していったことに抗議し、「冷戦のタカ派」が支配するワシントンの主流派から外れていった人です。

つまり、一九五〇年代以後、アメリカが「反共」を旗印に朝鮮やベトナムをはじめ世界各地の紛争地に過剰に介入してしまったことで、国力は落ち、さらに各地で、アメリカに対抗し、反抗する力を生み出してしまったために、冷戦後もこの悪循環が大きく広がったというのがマンデルバウムの主張なのです。

今まで、アメリカの主流派の学者が、このようなことを言い出したことはありませんでした。イラク戦争に挫折したときも、こうしたことは言いませんでした。ですから、こうした見方が二〇一〇年代に入ってそうとう広がっているのでしょう。

帝国衰退の原因は、国益もない辺境戦争の繰り返し

ただマンデルバウムは、それらはアメリカの善意がなせるわざだと言います。マスコミは、たとえばユーゴスラビアのコソボで市民が「虐殺されている」と、善意から書き立てます。

そうすると、アメリカが助けに行かなければと世論がわきます。そこでワシントンでは「アメリカは介入すべし」という方向が定まります。つまりアメリカはそこに何の国益もないのに、力を尽くして介入していきました。マンデルバウムによれば、それが間違いだったということです。

それは、こういうことを繰り返すと大国は消耗し、衰退するという衰退論からの論理です。それはたしかに、イギリスの歴史学者でイェール大学教授のポール・ケネディが『大国の興亡』で語っているように、世界の常識になっています。

彼らが、こうしたいわゆる「大国の衰退」という論理の根拠にしているのは、前にもお話ししましたが、究極的にはローマ帝国の衰亡史なのです。周知のように、古来、多くの研究書がローマ衰亡の原因を追究しています。その中には、男女関係の乱脈とか、あるいは、青銅器でできていた食器から出る毒がエリート階級の精神を病ませたのだとか、いろいろな説が飛び交ってきました。

しかし、もっとも説得力があるのは、やはり、世界各地の辺境戦争に繰り返し介入したからだという説です。マンデルバウムも、アメリカの現状は、まさに、国益に関係のない辺境の土地に無用な介入を繰り返した結果だと言っているのです。

それは、世論に左右されたり、メディアの過剰介入を要求したりするアメリカの特質とも言えそうです。しかし、それが間違いだったという主張が表に出てきて、トランプ流の不介入主義までが、その過剰介入を正す正義の剣のように、アメリカ全土を覆うようになるかもしれません。

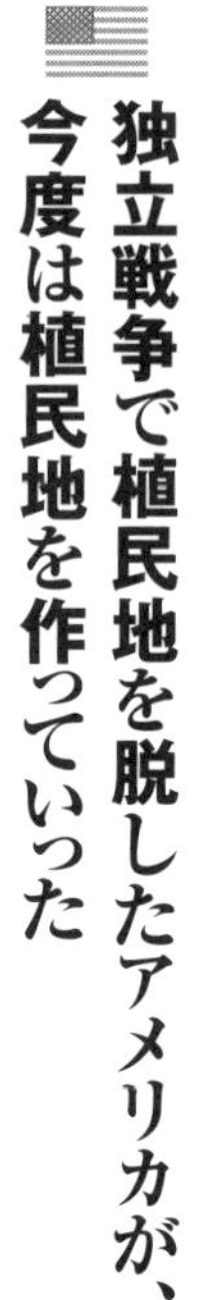

独立戦争で植民地を脱したアメリカが、今度は植民地を作っていった

ローマの辺境への介入は、言うまでもなく、世界帝国としての覇権主義、あるいは飽くなき膨張政策の一つです。帝国というものは、辺境の無秩序を正して統治能力を示すことで、政治家の権力基盤が強固になります。したがって、こうした権力闘争に勝てば、それが取るに足らない戦いだったとしても、本拠地に凱旋すれば、権威を高めることができるのです。

『ガリア戦記』にあるように、シーザーも北フランスからイギリスを征服し、ローマに帰ってきて英雄になりました。

ところが、アメリカに関しては、この構図は通用しません。大英帝国や中華帝国に比べて、アメリカ帝国が脆弱な理由はここにあります。

すなわち、自分自身が、民主主義や民族自決を掲げて、自らが植民地として起こした独立戦争で独立した国である以上、主義主張として誰が見てもわかるような植民地は持てない運命を抱えています。国是として、持ってはいけないのです。

たしかに、二十世紀のアメリカはフィリピンやプエルトリコを植民地にしましたし、ハワイもまた武力で侵略し、それまで独立していたハワイ王国を滅ぼしてアメリカ領としました。しかし、アメリカは、それらの国を植民地として扱わず、「アメリカの一部」としてアメリカ化することで、免罪符を手に入れようとしました。

したがって、アメリカ化できなかったフィリピンは独立し、アメリカ化ができたハワイは「アメリカの一部」になりました。つまり、反抗をやめておとなしくアメリカ化されたことで、ハワイは国を失ってしまったのです。今、ハワイで独立運動が起きず、侵略されたことをとやかく言わないのは、このためです。

もっと言えば、テキサスもアリゾナも、もとはメキシコの土地だったものを武力で侵略して手に入れた土地です。しかし、民主主義の理念で「アメリカ化」してしまうことで、植民地にしたとか異民族支配だとかというそしりを免れたのです。

植民地化よりもっと恐ろしい「アメリカ化」

アメリカが、フィリピンのアメリカ化に失敗したのは、フィリピンが、プロテスタントを受け入れないカトリックの国だったからです。そして、アメリカが侵略する前は四〇〇年もの間、スペインの植民地でもありました。

そのために、ヨーロッパ文明を身につけたフィリピンのエリートたちは、浅薄なアメリカ文化を軽蔑し、下に見て、アメリカへの精神的な従属や崇拝を恥ずべきこととして拒否し続けたのでしょう。かつてのアキノ元大統領の一族も、こうしたエリートの貴族階級の家柄なのです。

つまりアメリカは、一八九八年の米西戦争でスペインからフィリピンを奪ったあと、何とかしてアメリカ化しようとして失敗したのです。

よく考えてみれば、「アメリカ化」されるということは、植民地にされるよりももっと恐ろしいことです。自分の国が永遠になくなるということだからです。

ですから、過激な発言でひんしゅくを買っているフィリピンのドゥテルテ大統領ですが、かつてアメリカに占領されていたという民族の記憶があるがゆえに、そのアメリカに対して今後もいかに自決権を守り抜くかに腐心しているので、少々乱暴なことを言っても、フィリピン国民の広い支持を受けているのです。

「アメリカに国を取られてなるものか」、これは、フィリピンに限らず、カナダもメキシコも切実に考えているはずです。

そういう意味で今、日本にとって大事なことは、二十世紀にはアメリカに近い国ほど、アメリカに対する精神的防備の気持ちをしっかりと持つことに腐心し続けて今日までがんばってきた、という事実を認識することです。そうでなければ、容易にアメリカの「精神的な植民地」にされてしまったでしょう。

二十一世紀の日本こそ、このことを決して他人事ではないと銘記しておくことです。

明治維新も精神的・文化的な植民地化だった？

明治維新のときも、日本はアジアの他の国のように列強に屈し、植民地化されることがなかったと浮かれている政府要人ですが、最後の薩摩藩主、島津忠義（茂久）の父・島津久光は、「今やわが国は何もかもが欧風化され、精神的・文化的に植民地化されてしまっているのに、どうしてそれに気づかないのか」と嘆いたそうです。

そうした時代のことが頭にあるのかないのか、戦後のアメリカは、日本を強固に「アメリカ化」することを対日政策の根本に置いてきました。

とりわけ冷戦終焉後のアメリカがもっとも恐れたのは、日本がいずれ自立してアメリカの指導の下から去ってしまうことだったのです。日本に限らず、中南米などでもアメリカ人が一番怖がるのは、アメリカが一度は保護者になって、近代化に手を貸した相手が自立してしまうことです。

ですから、アメリカは、生徒が従っている間は熱心に指導する「よき教師」なのですが、同時に「生徒が卒業することを永遠に許さない教師」のようなものと言えるでしょう。

チリやキューバなど、かつてはアメリカのもっとも従順な保護国だった中南米の国国が、その後一転、アメリカとの仲が極めて悪くなった理由はここにあります。アメリカからすれば、自分の「テリトリー」のつもりでアメリカ好みに育てたのに、造反しようとしたからです。

アメリカは、「可愛さ余って憎さ百倍」とばかりに、彼らを許そうとはせず、指導者を毒殺しようとしたり攻撃したりして、たとえばキューバ革命を潰そうとしました。

こうしたアメリカの帝国としての独特のイデオロギーは、イギリスと比較すれば、そのありようがよくわかります。

たとえば、イギリスはインドも香港もマレーシアもクウェートも、決してイギリス化しようとはせず、イギリス製品を受け入れてイギリス政府に税金をきちんと払ってくれさえすれば、何も言いませんでした。

「アメリカ化」をいくら進めても〝大米帝国〟は築けない

前項で述べたように、植民地を持てないアメリカは、他国を「アメリカ化」する力を持つことがアメリカの使命だと今も考えています。

しかし皮肉なことに、未開地域を近代化して開明化しても、二十世紀に入ると、いわゆる「アメリカ化」がうまくいかなくなったから、その国はやがて必ず自立していきます。自立すれば実質的にも植民地ではなくなり、アメリカと離別します。こうして、その国に対してアメリカがやったことは影も形も残らず消えてしまうのです。

しかし、大英帝国は違います。いまだに、オーストラリアにはどう見てもイギリス人と思われる人が住んでいます。彼らは今でも、イギリスに行ったことのない人まで、ロンドンに行くことを、「go home」と言います。

しかも、正式な植民地にしたために、イギリスの習慣、イギリスの価値観、イギリスの道徳、血筋などのすべてが残っています。インドから、こうしたどう見てもイギリス人という人が去ってしまったのは、実質的な意味での植民地にできなかったからです。

しかし、去りはしましたが、インドでも、英語、議会制度などは残りましたし、いまだにイギリス連邦の一員です。南アフリカもケニアも、イギリス女王を自分たちの元首としているのです。

かつて大英帝国だった地域は、独立してもこのように多くのものが財産として残ります。さらに言えば、経済関係や資本も残るので、大英帝国は、支配した形跡を残すことができるのです。これは、大英帝国であればこそできることであって、同じく「世界帝国」としての地位を確立していても、アメリカにはこうした財産を残すことは不可能でしょう。

フランスにとっても、アルジェリアやベトナムは、民族解放闘争などという独立戦争を起こされ、負けて追い出されて、しぶしぶ独立を認めざるを得なかった国です。イギリスはそうした、いわば恨みを買って去らざるを得なかった、という体験をほとんど持っていないのです（パレスチナとアイルランドは例外と言っておいてよいと思います）。

さらにイギリスが巧妙なのは、自分たちの子孫が、「文化としての大英帝国」というものを確実に受け継いでくれるようにしました。ですから、いまだに一般のイギリス人にとっては、「大英帝国」という存在が現実に消えていないのです。

「アメリカ化」とイギリスの「連邦化」とは大違い

ですから、私が『大英帝国衰亡史』（英訳すると*History of the Decline and Fall of the British Empire*）という本を書いたときには、多くのイギリス人から、「衰え（Decline）はしたけれど、滅亡（Fall）はしていない」とか、「最近は盛り返している」「フォール（Fall）はあり得ない」などという抗議の手紙が届きました。

イギリス外務省の出先機関からも会いたいという連絡がありました。会ってみると、「イギリスのどこが滅んだのか。イギリスは世界各地に今も高等弁務官事務所を持ち、その上、女王陛下は毎年、世界中の旧植民地の指導者をロンドンに呼んでイギリス連邦として盛大な集まりをやっている。どこが滅亡と言えるのか」と言われました。

大部分のイギリス人が、オーストラリアやカナダを自国同然に思っていることは次のようなエピソードからもわかります。

イギリスの若者が、ＥＵから離脱するとＥＵで職を見つけることができなくなる、と嘆いたときでした。それを聞いた年配者がこう言ったのです。

「カナダかオーストラリアへ行けば、簡単に仕事が見つかるだろう。同胞だから高給で迎えてくれるぞ。ただ少し遠いけど」

もちろん、ヨーロッパのほうが近いし、文化も高度に発達しているしで、若者の憧れであることは確かです。しかし、イギリス人の多くは、いまだにこういう比較や二者択一的に、ＥＵと旧植民地を見ているのです。

たとえば、今でも、毎年何万もの人々が旧植民地に移住しています。どこへ行っても、言葉はそのまま通じます（アメリカ人の英語に顔をしかめるイギリス人は今も大勢いますが）。大学や大学院入試のシステムも共通です。「コモンウェルス・スタンダード」（イギリス連邦共通入学資格）という形で、もちろん学位もどこで取っても通用します。就職したときの給与の相場も大まかに一致しています。同じ国と見なすのもムリはないでしょう。

こうした比較をしてみると、アメリカが、自分の勢力下に置いた国々を何としても「アメリカ化すること」を使命と考えている理由がわかるような気がします。「大英帝国」のことが、いまだに本音ではとても羨ましくて、「大米帝国」を夢見ているのかもしれません。トランプが「アメリカをグレイトにする」と言っている意味は、そのあたりにもあると言っていいでしょう。

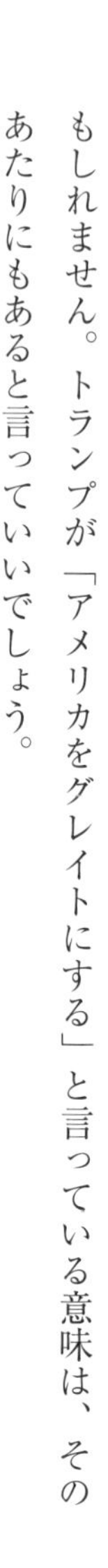

合衆国憲法の建前上、他民族支配はできないのに……

もちろん、イギリス連邦の一員である各国は独立国家でもありますから、国連にも一国として加盟しています。しかし、イギリス連邦の国々の間ではビザも取りやすいし、滞在許可も得やすくなっています。

中国に返還されたあとの香港も、中国との協定により「イギリス連邦」に準じる扱いを受け、イギリスのジャーナリストなら本来、自由に出入国して、自由に著作活動ができることになっています（もちろん、中国共産党の「本土化」政策の制約は受けますが）。いずれにしても、なぜかわかりませんが、今も「大英帝国は終わっていない」という〝現実〟認識を持っているのがイギリス、及び多数派のイギリス人なのです。

一方、アメリカの場合、ある種の「治外法権」を持って自由に出入りできるのが日本と韓国です。もちろんそれは、駐留米軍の関係者に限られますが、彼らは、日韓（の軍事基地）の間をビザもパスポートもなしに自由に往き来しています。

日米間では言うまでもありません。中には純然たる民間人なのに、平気で日本の入国管理をすり抜けるアメリカ人もいます。「アメリカ軍の軍属」などと、いくらでも理由づけはできるでしょう。軍に物資を納入するといえば、そこで軍属扱いになり、横田や佐世保に出入りする際、日本のビザはもちろん、パスポートも必要ありません。

以前、軍の学校教師だったアメリカ人の知人は、今は東京の大学教師ですが、横田から飛行機で、アメリカの空軍基地や韓国の空港がある釜山へ、ビザもパスポートもなしで飛んでいくことができました。

ところが、ヨーロッパの米軍基地に行くときはもちろん、かつて植民地だったフィリピンでさえ、米軍人であってもアメリカのパスポートをフィリピン政府の係官に見せて判を押してもらわなければ原則として入国できません。

なぜならば、「公式な植民地や政治的支配地という上下関係で、アメリカが他国を支配することはあり得ない」という建国神話のフィクションを維持しようとしたからです。これが、合衆国憲法の建前なのです。

いかにフィクションかということがわかっていても、他民族を支配することは帝国主義になってしまうことだという理由づけをしているのでしょう。ヨーロッパ型の植民地主義や帝国主義を否定した上に、アメリカという国が成り立っているという意識があるのです。もちろん実際には、今もアメリカは日本を含め世界各地で「帝国」としてのプレゼンスを続けていますが、それは同盟条約などの法的枠組のある限り、ということになっています。

カナダ人は世界で一番アメリカが嫌い

ですから、こうした「大米帝国」としての日本など同盟国でのプレゼンスも、あくまで条約がある限りのもので、日本で言えば、もし日米安保条約が破棄されたら、そのあとは日本にとってかつてアメリカがいかに大きな存在だったか、という事実はすぐに忘れられてしまうでしょう。

建前的なフィクションを強調した人工国家という面の強いアメリカの場合、あとに色濃くその文化を残す、ということはあり得ないでしょう。

トランプは、「アメリカは一方的に日本を守らされている」と言い、「日本が応分の負担をしないなら、米軍基地は引き揚げる」と言っています。しかし、その結果、アメリカの存在感が消えてなくなるであろうことには思いが及んでいないようです。

支配の痕跡を残すには、やはり、何らかの形での公式支配をしていなければなりません。たとえばカナダは、経済圏はアメリカですが、どこまで行ってもイギリス文化圏です。アメリカのすぐ北にあるのに、元首としてエリザベス女王を仰ぐ「イギリス連邦の一員」であり続けているのです。

しかもカナダは、常にアメリカから自立したいと考えている国です。それが、カナダをイギリス連邦にとどめている最大の理由でしょう。

日本の学者は、よくカナダへ行ってアメリカの話をしたがるのですが、それは大きな間違いです。じつは、カナダの反米意識の強さは、考えようによっては「世界一」

ではないかと思えるくらいです。ひとかどのカナダ人なら必ずアメリカが嫌いなのです。

それは、つねに、油断をすると大事なところまで踏み込まれ、心の底まで押さえ込まれる、というアメリカに対する強い警戒心を抱いているからに他なりません。大国を相手に独立を守るためには、相当の自覚が必要とされる、それが世界の常識なのに、日本人にはそういう常識がとんとないようです。

これまでは、人種にも文化にも根本的な違いがあるし、カナダやメキシコとは違い、地理的に距離があることもあって、のんびり構えてこられたのでしょう。しかし、これからは日本も、とくにカナダに学ぶべきことは多いのではないでしょうか。カナダは、日本よりもはるかに強く、「アメリカ・ファースト」と叫ぶトランプ現象を警戒しているに違いありません。

二〇二〇年、白人はマイノリティになり、英語話者も徐々に減っていく

このようにアメリカは、多くの国のアメリカ化に失敗して、支配しようとすると各国の反発と警戒心を招き、力で完全にねじ伏せて「同化」してしまわない限り、進出していった辺境の国々の支配をすることができませんでした。しかも、中華帝国や大英帝国に比べて、その足下はいかにも脆弱です。

なぜ、大国でありながら足下がおぼつかないのか。それは、アメリカが移民国家であり、本来の意味での多民族国家だからです。漢民族やイングランド人といった、体制の核となる支配的な土着の民がいないということです。

それが、「支配民族」が存在している中華帝国や大英帝国との大きな違いです。しっかりと、その土地に根づいている民族がいないために、国の勢いが衰えて、国力を失い、国家としての凝集力がなくなれば、かつてのローマ帝国のように、いわば跡形もなく雲散霧消してしまうのです。

これがイギリスや中国であれば、どれほど移民が増えても、少々のことでは揺らぎません。

しかし、単なる数だけではなく、文化的な意味でも支配的な民族がいないアメリカはどうでしょうか。白人の全人口に占める割合は二十世紀半ば以降どんどん減り、二〇二〇年には、十八歳未満の白人人口は半分以下、すなわちマイノリティになると予測されています。

そして、二〇四〇年代には、すべての白人を合わせても、アメリカ国民の五〇パーセントにもならないでしょう。国家形成の基本である言語も、英語を話す人は徐々に少なくなり、スペイン語、中国語、ポルトガル語などを話す人が増えています。この面でアメリカは、国がバラバラになりつつあるということでしょう。

こうしたアメリカの現状は、前述したように雲散霧消型の滅亡の道を歩んだ帝政期ローマによく似ています。ローマが滅んだのは、徐々に、しかし顕著な形の文化多元主義、つまり多国籍文化の国家になったからです。「多国籍文化社会」は、国家として雲散霧消するリスクが極めて高いのです。

多民族国家アメリカは世界全体をボーダーレス化できないと消滅する

つまり、長期的に考えると、「文化の一体性」は、その国が堅固な国家という形を保つための大きな凝集力になるということです。もともとアメリカにはそれがなく、かろうじて残っていた「アメリカン・マインド（精神）」も「文化多元主義」の名の下に、近年さらに思い切って自ら放棄しました。そういう国が、今後も長く堅固な生命力を維持できるはずがありません。

しかし、こうしたアメリカにも、一つ大きな「突破口」があるのです。アメリカのような凝集力を失い始めた多民族国家が、国家として存続しようとして考えること、それが、グローバル化です。

世界中をならして、どの国どの地域も多民族国家にしてしまえば、自分だけがバラけていって、やがて国として消えてしまう運命から逃れることができます。これが、「グローバリゼーション」の本質的な意味なのです。

そういう意味で、アメリカがもっとも恐れていることは、アメリカ的な形でグローバル化できない、固い殻を持った地域が残ることです。たとえば日本のように、単一に近い民族から成る国家で高度な凝集力があり、独自の文化を守ろうとする国が言葉の本来的な意味で、もっとも深刻な脅威なのです。

彼らは、できれば日本をなるべく早く本当の多民族国家にし、日本独自の文化度を薄めたいと考えています。大きな潜在力を持った日本という国を自国と同じような社会にしなければ、不安でおちおち眠れないのです。

しかし、グローバリズムをこのような本質を踏まえて、その上で十分現実的に解釈している日本人はほとんどいません。日本企業社会では、ときにはグローバリゼーションを単に「国際化」ととらえ、国際金融を同一化し、貿易を自由化し、人々は自由に交流し合い、お互いの立場を理解し、平和を維持する、それがグローバリズムと考えています。

もちろん、それはそれで、ウソではないでしょう。しかし、そういう美辞麗句だけでグローバリズムを理解したつもりでいると、とんでもない結果を生むことになります。アメリカが中心となって推進しているグローバリズムとは、文化、生活様式、価値観など、世界中の人々の心の中の中まで均一化することに他ならないからです。

私は、イギリスに長く住んだあとにアメリカへ行ったせいでしょうか、初めてアメリカを見たとき、その「無色透明」な文化的無機質さにいわば「国籍のない国だな」と思ったことを覚えています。この国は、建国五〇〇年目――イギリス人にとって五〇〇年前というと、「現在と一つながり」という感覚でとらえられる単位です――には、きっともう存在していないだろう、と強く感じました。

戦争をすることでアメリカという国家は一つになってきた

このように本来、もっと早く雲散霧消する恐れのあったアメリカが、大国として君臨し続けてこられたのは、強烈な理念や価値観で人々を縛りつけ、豊富な資源でもって豊かな生活と利益が享受できる共同体でもあったからです。

たとえば、イギリスからの独立戦争では、高邁きわまるあの「独立宣言」を強烈にアピールして、〝専制君主の抑圧者〟であるイギリス相手に国を挙げて戦いました。「野蛮きわまる」インディアンとの戦いもありました。「蒙昧な」カトリック集団であるフランス人を追い払い、スペインやメキシコとも戦争をやらなければなりませんでした。

つまり、次々と戦争に勝つことで領土を広げ、その利益をともに享受することを活力にして、アメリカという国の凝集力は保たれてきたのです。建国以来、まさしく「絶え間なく戦争をしてきた」と言ってもいいアメリカの歴史から考えてみると、一貫して外敵を求めることが、つねにバラバラになろうとする潜在的圧力に悩み続けるアメリカという国家をまとめてきたわけです。

しかし、トランプの登場で、戦うことで凝集性を保ってきたこのアメリカの歴史に一石が投じられました。彼は、果てしない対外介入を求めるこれまでのグローバリズムに反対意見を表明しています。ですから、一見、トランプは正しい方針を示しているように思えるのです。

しかし、アメリカを再び偉大な国にするという「グレイト宣言」や、経済も軍事もアメリカが一番という、あの「アメリカ・ファースト」のスローガンの持つ独善性と排他性は、そこまでしなくては生き残れない、アメリカという国の避けがたい宿命と合流していかざるを得ません。

おそらく、トランプ大統領もこの圧力にさらされれば、やがて、アメリカの宿命――果てしない対外介入への道――にその身を委ねることになるのではないか、と思います。

こうしてトランプ政権の登場は、加速される「アメリカ衰亡への道」を明瞭に示していると言わざるを得ないのです。

衰亡のシナリオ6

〝グレイト〟宣言は、もはやグレイトたり得ないアメリカの窮状

国際社会で生き残るには美学やモラルを捨てることも必要

あのインカ帝国が滅んだ原因は、彼らがそれまであまりにも平和な環境で生きていたからだという説があります。だから、スペインが乗り込んできたとき、彼らを敵と思わず歓迎してしまったのだというのですから、いわゆる「平和ボケ」ということでしょう。

言うまでもなく、今日の日本にも同じようなところがあるように見えます。みんなと仲良くしたり、もめごとを一つでも減らしたいと思ったり、という「人としての良識」や「誠意」があれば、必ず相手にも通じると考えているフシがあるのです。

しかし、歴史が我々に教えるのは、これが逆に、紛争を深刻化させ、最後に大きな悲劇になってしまうことが往々にしてあるということです。残念ながら、世界はそういうふうにはできていなくて、日本人とは違う、対照的な行動様式が国際社会では強固な普遍性をもって通用しているからです。

ですから、我々もその普遍性を受け入れなければなりません。他の国、他の国の人人がどう行動しているかを見て、たとえ日本的な美学から言えば、少々見苦しくても相手のレベルに合わせてやり合わなければ、日本の国家と民族はひとたまりもなく潰されてしまいます。

それが国際社会に生きるということです。これだけは、この五〇年、世界を見てきた私の強い確信として日本の人々にぜひしっかりと伝えておきたいと思っているのです。

もし、そうした生き方を否定するのであれば、日本国民は世界と交流を拒んで「孤高の民族」になる、つまり、鎖国しか方法はないことになります。そういう意味では、江戸時代の二五〇年は、じつにそうした日本人にぴったりと合った生き方でした。

とはいえ、もはや、江戸時代に戻ることはできないのですから、ときには、日本人が培ってきた美学や日常的なモラルを捨てなければならない場面もあるのです。とりわけ、我々が当然の前提としている「常識」や「人間観」を捨てなければなりません。

トランプの言う〝グレイト〟にもはや「偉大」の意味はない

人間観ということで言えば、まずは「トランプへの幻想」を捨てるところから始めましょう。トランプの暴言は、米国民におもねって当選するための方便だと思ったり、就任後は変わるだろうと考えたりしないことです。それは希望的観測に過ぎません。政策や戦略でご都合主義から方針を修正はしても、あのトランプがその「本質」や「思想」を変えることは金輪際ないでしょう。それが欧米の指導者というものの本質だからです。

さらに言えば、もう一つ間違っていることがあります。それは、主として日本の保守派や知識層の人々が言っていることなのですが、「日本の核武装を一度は認めてくれたのだから、トランプは日本の立場を理解してくれているだろう」という見方です。

こうした見方をする人は、トランプの登場で日本も道が開かれるだろう、つまり、「日本はようやく自立の道を歩む」ことができるようになるのではないかと思っているのでしょう。私自身、これまでの日本の国家としてのあり方に疑問を感じてきましたから、こうした見方をしたいという人々の気持ちはよくわかります。

ただ、トランプがそういう期待と信頼に応えられる外国指導者かと言えば、それは正反対であり、下手に期待をすると、大きな幻滅を味わうことになります。

たとえば前述した通り、トランプは二言目には「アメリカを再び偉大な国にしよう(Make America Great Again)」と言っています。普通、アメリカ人が「グレイト」と言うとき、そこには、道徳的にも立派な、という意味が含まれています。

ところが、トランプの「グレイト」に、そういう意味はありません。そもそも彼は、道徳的な価値観を重んじるような発言を一切していないのです。

ですから、アメリカが経済的な利益を独り占めするとか、さらなる軍事的な超大国になるとか、あるいは、他国にアメリカの言うことを聞かせられるだけの政治力を持つなど、アメリカを「デカい」国にしてなめられないようにする、という取引や賭け事、つまり「ディール」に勝つ、というくらいの意味しかない「メイク・グレイト」なのです。

言ってみれば、「グレイト」と言うよりは、「ビッグ」、「すごい国」になるぞという意味しかないわけです。皮肉ってみれば、「偉大」の「偉」ではなく、「威張る」「威力」の「威」と考えたほうがよさそうです。

つまり、トランプは言葉の上だけでも、もはや自由や人権や民主主義などの価値観を重んじない初めてのアメリカ大統領と言えるのです。

こういう人が、「日本には日本の言い分があるだろう」「日本も、自らの立場を取り戻して、国家としてのありようを模索すべきだ」などという、公平で公正な、そして、日本を対等の国と考えるような価値観を持つでしょうか。

やはり、すでにお話ししたような、有色人種に対する強い差別感を持っているし、国際社会を独善的な階層秩序で見ているに違いありません。その上、変なイギリス・コンプレックスが透けて見えていて、アメリカはイギリスと並んで、「世界の支配者になる国だ」という、昔の意識から抜け出すことができないのです。

結局、ベトナム戦争の挫折がアメリカを滅ぼす

前項で述べた、トランプが意識する強いアメリカとは、一九六〇年代のアメリカです。この時代はまさしく、〝パクス・アメリカーナ〟のピークの時代です。私はこの時代のアメリカをごく短期間でしたが、垣間見る機会がありました。日本の知識人に多い、アメリカ崇拝派の人々の中には、「六〇年代のアメリカは非常にいい時代だった」と言う人がいます。ところが、この時代は、ベトナム戦争によって一瞬にして挫折しました。

ですから、私が見た六〇年代末から七〇年代初めのアメリカは、気の毒なほど荒れ果てていました。社会はすさみ、有名大学でも広く麻薬が流行っていました。ベトナム帰還兵が、ＬＳＤなどの強い麻薬を流行らせたのです。

こうして、アメリカは犯罪国家になり、ニューヨークでは若い男でも地下鉄にも乗れないありさま、一日に何十件と殺人事件が起こっていました。私がアメリカに行ったのはそのころなので、一九六〇年代の初めに行った私の恩師である高坂正堯(こうさかまさたか)先生とでは、百八十度感想が違っているのです。

高坂先生は、ニューヨークが大好きで、不動産が安かったら今でも行って住みたいと言っていました。しかし、私がそのつもりで行ってみたら、どこにも住みたいようなところはありませんでした。

すっかり荒れ果てていて、落書きはしてあるし、若い黒人がかっぱらいはするし、窓ガラスは割れたままでした。ですから「これほど急激な衰退をして、アメリカはもうダメだ」と言われていたのです。この状態は、八〇年代まで続きました。

それを回復させたのがレーガンです。たしかに、トランプは随所にレーガンを手本にしているように見えます。しかし、レーガンには立派な理念がありました（たとえ口先だけだったとしても）。当時、ソ連との冷戦が続いていたので、少なくとも、自由を守れという理念の大切さを切々と訴えるレーガンの言葉には説得力があったのです。

さらに言えばレーガンは、アメリカは特別に選ばれた例外的な国であると、繰り返し言っていました。当時すでにアメリカの力はすっかり落ちていましたが、レーガンのこうした理念は変わりませんでした。そして、ソ連が自ら崩壊に向かった幸運もあって、レーガン政権末期にはアメリカは「タナぼた的に」再び超大国になったのです。

トランプのアメリカに、この幸運が訪れることは決してないでしょう。プーチンのロシアや中国は今後も強くなる一方ですから。

しかしもっと重要なことは、トランプには、人々に訴える有力な理念がないという点です。この点で彼らは根本的に違っているのです。

保護関税は国を守るどころか人種戦争を引き起こす

移民を大幅に制限し、他国で作られた製品に高い関税をかけると公言するトランプは、理念の上では対外関与を否定しています。それをするとアメリカは損をするばかりで、国力を弱めることになるという考え方は、ローマのように辺境戦争で滅びた国家に学べと言う知識人のブレーンでもいるのでしょう（たぶん、ホワイトハウスの上級戦略顧問、スティーブ・バノンらだと思います）。

しかしトランプは、移民国家であるアメリカが、強烈な対外関与の理念を掲げたことで凝集性を高め、それでもって大国になれたということに気づいていません。トランプのようなやり方をするアメリカは、その歴史から見て、自らの強みをドブに捨てる自虐的、あるいは自殺的だということです。

今は、当面戦う相手がいるからいいでしょう。ＩＳや北朝鮮、あるいはアメリカ人労働者の職を奪う中国や日本を叩くことでトランプは何とか恰好をつけ、アメリカは一つにまとまっています。そして、もし仮にアメリカの労働者に職が戻り、製造業が再び根づき始めたとします。

しかし、製品の輸出は振るわないでしょう。しかも、高い関税をかけられれば、他国はアメリカに輸出をすることができなくなります。したがって、多くの国は、アメリカを相手にしなくなります。

輸出入が振るわないので、やがてアメリカの国力は落ちます。アメリカ人がいくら自分の国は「グレイトだ、ナンバーワンだ」と言ってみても、実質が伴わず、自国への誇りを持つこともできません。

この国にいれば豊かになれるという幻想から覚めた人々によってアメリカは凝集性を失い、逆に社会の分断と亀裂が進み、アメリカ社会のまとまりは大きく損なわれていくでしょう。もともと固有の文化も伝統も持たない国です。こうなると、アメリカの凋落は加速度的に進むでしょう。

そうなると、おそらく始まってくるのが、まず人種戦争です。トランプのアメリカは、すでに国内を大きく分断されているからです。これを治めるには、どういう方法があるでしょうか。アメリカが早い時期にもう一度理念の大切さに目覚めなければ、それこそ銃が野放しの国ですから、文字通り「撃ち合い」という戦争状態になるかもしれません。

トランプの作る〝偉大でないアメリカ〟は日本にとって与しやすい

たとえてみれば、現在のアメリカという国は、永遠に踏み続けなければ水が流れない、足踏み水車の上に建っている国です。つまり、高々と理念を掲げないと国内がまとまらない。しかし、その理念は海外への介入戦争へとアメリカを引きずり込んでいく。つまり、この一世紀の歴史的必然で、アメリカは永遠に海外に介入しなければ内側から潰れる国になってしまっているのです。

これが、「アメリカン・イデオロギー」の典型である例の文句、「丘の上の町」などと言って悦に入っていた十九世紀末までであれば、北米大陸内にまだ多くのフロンティアがありました。外に打って出る必要もなかったために、国内だけでまとまることができたのです。

そして、さらにフロンティア時代の次、二十世紀には、世界に自由と民主主義という恩恵を与えるために、アメリカは戦い続けるという、ジョン・F・ケネディの理想主義が成り立ちました。

しかし、トランプのアメリカに、もはやそういうものは何もありません。「アメリカ・ファースト」と叫び、大統領の命令でアメリカに企業がたくさん国内に帰ってきて、仕事も増え、失業率も下がったと自慢してみても、彼らの収入は決して増えないでしょう。

なぜならば、製造業が盛んになったとしても、そうなると経済面でアメリカは国を閉じることになりますから、世界のお金がウォール街に集まることはなくなり、むしろ去っていくからです。おそらくお金はシンガポールやロンドン、フランクフルト、東京、上海に集まるでしょう。

今までアメリカにお金が集まっていたのは、アメリカが非常に開放されているからです。自由に出入りできるから、世界のマネーは大挙してアメリカに向かったのです。トランプはそのことに気づいていません。このままではおそらく、トランプが安倍首相に頼んでアメリカに工場を建てさせた日本の企業も、早晩アメリカから立ち去らざるを得なくなるでしょう。

とはいえ、逆説的ではありますが、トランプが作るであろう、「偉大ではないアメリカ」は私の個人的な好みにはあっています。

十九世紀末までの、かつてのこぢんまりと北米大陸の中でまとまってくれるアメリカ、力を振り回して外の世界に関与しないアメリカ、精神的にも高い理念を大切にし、満ち足りて、ことさら外へ出かけていく必要もないアメリカ、これがアメリカの歴史を見てくれれば、「もっともアメリカらしいアメリカ」だと思います。

もう一度アメリカがそこへ戻る、ということなら大賛成です。少なくとも、そんなアメリカをイメージすると、日本にとってけっこう与しやすく、本当の友達付き合いのできる、少なくともこの一〇〇年ほどのアメリカよりもずっと付き合いやすいような気がしてくるのです。

他国の追い上げに喘ぐ米国民が見る「トランプの夢」という麻薬

以前から、私は、アメリカはじわじわと衰退の道をたどっていると言ってきました。そして、日本もまた衰退の道を——おそらくはアメリカよりも速い速度で——たどることになるだろうとも言ってきました（たとえば拙著『アメリカの不運、日本の不幸』幻冬舎、二〇一〇年）。

しかし、アメリカの衰退と日本の衰退には、大きな意味の違いがあります。日本の場合、天皇を中心とした国としての長い伝統と独自の文化がありますから、衰退と言っても、財政や経済が機能しなくなって国力が疲弊し、また一からやり直すしかなくなるだろうという意味なのです。

一方、アメリカの場合の衰退とは、国家としての存在そのものの衰退を意味しています。スパンは、以前予想した通り二〇年くらいでしょう。

しかも、アメリカの衰退とは、言ってみれば「相対的衰退」と言えます。

私たちは、二十世紀の終盤から、冷戦が終焉して、ソ連が崩壊し、アメリカが唯一の超大国になる姿を見てきました。そして、経済的には、少しずつ衰退してきてはいるけれど、依然として圧倒的に優位に立っているという考えが支配的でした。ところが、よくよく見ると、じつはそうではなくて、アメリカを追い上げる国との格差が急速になくなってきていたのです。しかも、そのスピードは速く、多くの人々の予想をくつがえすものでした。

私が「相対的衰退」と言っているのはそういう意味です。アメリカを追い上げている、その典型的な例は言うまでもなく中国ですが、ロシアもインドも、あるいはEUの動揺で弱体化していると言われますが、ドイツをはじめとするヨーロッパも、さらに日本も、分野は違っていても、アメリカとの格差は急速に縮まっています。

五〇年前の日本で、私の世代がまだ少年のころに、その豪華さに目をむいたおもちャや日用品、ハムや肉の巨大なかたまり、豊富な品揃えを誇るアメリカのスーパーマーケットの光景も、もはや中国やインドの田舎でさえ珍しくなくなりました。

こうした生活水準から始まって、経済力の格差、あるいは軍事力の格差などが、たとえば一九九〇年の時点で比べても、急速に縮まっています。

日本の場合は、経済力にかげりが見えていますが、一時は、アメリカと並んだと言われました。コロンビア・ピクチャーズやロックフェラー・グループを日本の企業が買収した一九九〇年ごろのバブル絶頂期、もはや〝パクス・アメリカーナ〟が終わって、「〝パクス・ジャポニカ〟の時代が来る」と、気の早い日本人が自画自賛したものです。もちろん日本は、そのあとバブルが崩壊して大きく落ち込み、「失われた二〇年」の経験もしましたが、一旦は広がったアメリカとの格差も今、徐々に縮み始めています。

トランプ当選を操作？ サイバー戦争なら世界一の水準を誇るロシア

ロシアも同じ傾向を示しています。ソ連崩壊の憂き目にあった一九九〇年代のゴルバチョフやエリツィンの時代には、米ロ（ソ）の間では経済力は言うに及ばず、軍事力でも圧倒的な差がありました。ほとんどのロシアの核戦力、核ミサイルなどは、補給が届かないために全然機能しなかったくらいでした。

ところがプーチンの時代になると、軍事力も経済力も徐々に回復してきます。宇宙戦争やサイバー戦争を含めると、今のロシアはおそらくアメリカと互角に戦争ができる国になったのです。

たしかに、ロシアも経済力に関しては、いまだに大国とは言えないでしょう。GDPはイタリアと同じぐらいまで下がっています。また領土的にも、ソ連時代に比べれば周辺国は独立してしまって大幅に狭まり、人口も日本よりやや多い一億五〇〇〇万人ぐらいになっています。

とはいえ、今のロシアは、シリアをはじめ中東や中央アジア、ウクライナ、コーカサスなどではあれほどの軍事力を示しています。とくにそれを行使する決断力も、たとえば一瞬でウクライナ東部を占領し、クリミア半島を併合する力を見せつけました。あるいは、サイバー戦争に関しては世界一の水準を誇っているとも言われています。

たとえば、今回のアメリカ大統領選挙でも、ロシアの政府系のハッカーが、ヒラリー・クリントン陣営や民主党本部のコンピュータに入り込んで、重大なメールを流出させたことでトランプの当選へと導いたと、ＣＩＡをはじめとする米情報機関は断定し、正式に調査報告書を公開しています。

民主党陣営、つまりヒラリー陣営の選挙参謀たちのメールがそのまま読まれてしまい、マスコミにリークされてしまったのです。その結果、ヒラリー・クリントンが正式候補になる過程で不正があったというスキャンダルが噴出したと言われています。

それでも、一見すると今もまだ他に優越した超大国の力を誇示するアメリカですが、二〇年前の冷戦終結直後の時代に享受していた、他とは隔絶した圧倒的な超大国からは程遠く、他国に追い上げられ、相対的にかつ国内的には明らかに衰亡の道を歩んでいるのです。そしてこの事態に喘ぐアメリカ国民に、トランプは「偉大なアメリカを取り戻す」と公言しています。しかし、果たしてこの「トランプの夢」は実現するのでしょうか。やはり、それには大いに疑問があると言わざるを得ません。

むしろ、ことさらに「グレイト宣言」をするのは、そこまで言わなければならないほど、グレイトたり得ないアメリカの現状を反映しているということです。

衰亡のシナリオ7

〝パクス・トランピアーナ〟の虚妄

一〇年前から〝パクス・アメリカーナ〟は終わっていた

日本は、一九九一年にソ連が崩壊することで冷戦が終わると、それを民主主義の勝利と見なし、アメリカとの連携をさらに強めていきました。いわゆる〝パクス・アメリカーナ・パートⅡ〟の時代です。

とりわけ日米の連携を強めるために、一九九六年ごろから二〇〇四年ぐらいの間に日本は、外交、安全保障、経済、貿易、金融と、闇雲にアメリカとの一体化を進めました。

とくに問題だったのは金融です。その象徴は、この時期に日本の経済政策を主導した竹中平蔵氏が、強力に推し進めた「竹中現象」でした。彼が採った政策は、明らかにニューヨークのウォール街と日本の金融界をして「さらなる一体化」を図るものであり、日本の都市銀行はその陥穽（かんせい）から逃れられなくなりました。

ウォール街に本拠を置くシティバンクやＪＰモルガンは、日本のメガバンクを二つないし三つに整理・統合しようとし、その結果、「不良債権処理」という名目で、日本長期信用銀行などの破綻を招きました。

また同時期、アメリカは、冷戦に対応すべく配置されてきたグローバルな軍事体制を世界的に見直す作業を本格化させました。

日本に関しては、米国が警戒するいくつかの地域の紛争に対して即座に対応するために、指揮機能や後方支援機能を、自衛隊の協力で整えようとしたのです。これを在日米軍再編成と言います。

ですから、一九九六年から二〇〇四年ぐらいまでが、冷戦後、すなわち二十一世紀の日米関係の大きな曲がり角だったと言えます。日本で言えば、橋本龍太郎内閣から（小渕、森内閣を経て）小泉内閣へとつながっていく時期です。

さらに二〇〇八年九月には、アメリカ発の世界的金融破綻、リーマン・ショックによって、日本の経済も混乱の極みに達します。

このように、日本が「アメリカ一辺倒」の政策に奔走していたころ、日本の為政者たちは、中国がこれほど巨大な経済力を持つようになるとは思っていませんでした。

とりわけ、その経済力で築き上げた軍事力で、尖閣諸島、東シナ海、南シナ海に進出してくるとは夢にも思わなかったのです。何という、先見性のなさでしょうか。私はそのころからずっと、強大化する中国の脅威について警鐘を鳴らし続けていたのですが、永田町や霞が関、大マスコミ（産経新聞を除く）はまったく耳を傾けませんでした。

今や安倍政権の日本はなすすべもなく、トランプのアメリカにすり寄るしかないほど中国の力に圧倒されています。このことは、個人の次元を超えて、日本のために残念でなりません。

しかも、中国がその経済戦争で稼いだ外貨を使って、今やアメリカの向こうを張って「一帯一路」構想やアジアインフラ投資銀行（ＡＩＩＢ）を作るほどの力を持つとは、日本の政官界のリーダーたちは夢にも思わなかったことでしょう。

しかし、今の中国は、この銀行を作ることで、アジア開発銀行（ＡＤＢ）や日本が貢献してきたＩＭＦ、世界銀行などによって握られてきたアメリカの世界的な覇権に対抗しようとしています。

シリア空爆はロシアも承知のパフォーマンス

そう考えると、リーマン・ショックをきっかけに、国際金融面では、〝パクス・アメリカーナ〟はすでに終わっていると考えるべきでしょう。国際秩序を大きな底流やそのうねりの行方から考察する、長期的戦略論を専攻している私の立場から見ると、二十世紀的な覇権論の見地からは、アメリカはすでに覇権国家とは言えなくなっているのです。

じつはアメリカは自らの生きる道を、他の有力国――言うまでもなくその代表は中国――と提携や協力をして歩んでいく方向に着々と進んできているのです。世界を一つの会社に見立てれば、アメリカはもはやCEO、つまり独占的執行権を持った社長ではなく、取締役の一人として発言力を確保する方向へシフトしてきているということです。

たとえば、オバマ前大統領は、「アメリカは世界の警察官にはなりません」と言いました。これは、「なりません」ではなく、「なれません」が正直なところであって、力関係の変化を忠実に反映した発言でした。

その好例がシリア問題です。オバマが反政府勢力を弾圧するアサド政権を潰そうとしたら、ロシアは黙ってはいないことがはっきりしました。ところがトランプは、そのシリアに突然ミサイルを撃ち込んで世界を驚かせました。

しかしこれは、じつはロシアとの間に「話し合い」を済ませた上での、いわば〝やらせ〟、つまりトランプ一流のパフォーマンスの一種だったと言ってよいでしょう。トランプも、やはりアサド政権を強固に支援するロシアの介入ぶりに対して、アジアで北朝鮮や中国にも力をさかねばならないアメリカとしてロシアとことを構えるほどの余裕は到底ないのです。

〝パクス・トランピアーナ〟の狂想曲が始まる

つまり、オバマが「へっぴり腰」だったから、という表面的な理由ではなく、アメリカの大統領に誰が選ばれようと、かつてのような覇権国家でなくなったアメリカの真の姿はもはや隠しようがないということです。オバマはある意味、正直だっただけなのかもしれません。

それは、安倍首相が当選直後のトランプに電話をしたときの、トランプの応じ方でもわかるというものです。「非公式なものだから」という理由で、この会話の内容は発表されませんでした。二人はどうやら、会う約束をしただけだったようです。

というのも、安倍首相が電話をした直後、イギリスのメイ首相がトランプに電話をしたのですが、この二人の会話は発表されているのです。

トランプ陣営が発表したところによると、トランプはメイ首相に、かつてのマーガレット・サッチャーとレーガンのような関係になろうと提案しています。米英の特別な、あの親しい関係を再建しようとしているのでしょう。

現に、就任したトランプは外国首脳として最初の会談相手にメイ首相を選んでいます。つまりトランプは、時代錯誤なことに、レーガンにあやかろうとしているに違いありません。たしかに会談自体は、イギリスの首相がサッチャーと同じく女性であることもあって、これはニュースになりました。

しかし、今のイギリスは、サッチャー時代には可能だった役割を果たすことはできません。当時のイギリスは、フォークランド戦争までやった国であり、強大な軍事力を誇っていたのです。

フォークランド戦争とは、一九八二年、南大西洋上のフォークランド諸島をめぐって、イギリスとアルゼンチンが戦った戦争で、イギリスが大遠征軍を派遣してアルゼンチンに勝利しました。

それに比べて、今のイギリスはどうでしょう。中東との戦いもままならず、海外派兵などとても考えられない国になっています。

理念のあったオバマ、ノスタルジーにひたるだけのトランプ

こうした言動から考えると、トランプはおそらく八〇年代への病的なノスタルジーに囚われているのでしょう。

「日本はアメリカの防衛にただ乗りしている」「駐留軍の経費は日本が負担すべき」

「アメリカの労働者の職が奪われている」「対日貿易赤字は許せない」などの発言は、まさに一九八〇年代のアメリカでよく言われた言葉でした。

これらの発言を聞いて、アメリカの労働者が日本車をハンマーで叩いている、三〇年前のあのシーンを思い出した人も多いと思います。「日米摩擦の懐メロ」のようなもので、じつはトランプの思い描く世界、そしてアメリカ自身のイメージは、古色蒼然たる三〇年、四〇年前のものなのです。

つまりトランプは、こうした懐メロにひたり、古きよき〝パクス・アメリカーナ〟の夢にひたっているだけなのかもしれません。しかし、「理想」という魂のない〝パクス・アメリカーナ〟の再生は絶対に実現しません。

そういう意味で、トランプは〝パクス・アメリカーナ〟に代わる〝パクス・トランピアーナ（トランプによる平和と繁栄）〟という喜劇のシナリオを思い描いているのかもしれませんが、それは笑いよりも、アメリカと世界にとっては悲劇に満ちたものにならざるを得ないでしょう。

少なくとも、オバマには理念がありました。なかったのは力だけ、要するに、理念に力が伴わなかったことになります。警察官にはなれないけれど、牧師にはなれるというのがオバマだったのです。

アメリカ史を振り返ってみれば、今から一〇〇年前のアメリカは、前述のように理念に燃えていました。だからウィルソン大統領は、高邁な理想主義を掲げることができたのです。それをバネにして、孤立主義を脱し、世界に打って出たのです。

ところが、アメリカ国内には、孤立主義の伝統を守るべきだという考え方が消えず、一九二〇年代、国際連盟にも加入せず、孤立主義に戻ってしまいます。

その結果、太平洋戦争が勃発、アメリカは、戦後、孤立主義がいけなかったと考え、ソ連の脅威もあって、それに対抗するために世界中に乗り出し、戦争経済の恩恵で未曽有の繁栄を実現させて唯一の超大国になりました。

その象徴は、世界を席巻した一九五〇年代のハリウッド映画でしょう。その当時子どもだった我々の世代は、大きな冷蔵庫の中に肉のかたまりや丸ごとのハム、スーパーマーケットに並ぶ豊富な食品などなどを映画で見て、アメリカの豊かさに目をむいたわけです。

しかし今のアメリカには、もはやこのような憧れの対象はありません。一九六〇年代をピークに穏やかに下降線を描いて衰退してきて、今ここへきて、その下降線は急激に傾いてきました。

娘・イヴァンカはユダヤ社会への生贄

アメリカ人が、イギリスの上流と親しい関係になりたいという欲求は、古来、非常に根強いものがあります。トランプは、恥ずかしげもなくこの本音の部分を露出させる大統領です。

ですから、とてもわかりやすくて、アメリカで生活した体験のある私など、「やっぱり、これがアメリカの本音だった」と納得してしまうところが多いのです。

トランプは品がいいとは到底言えない人物なので、まともな人が口にしない本音を吐露しますが、口には出さないが心の中ではトランプと同じことを思っているアメリカ人からすると、「よく言ってくれた」と思うわけです。「頭隠して尻隠さず」のことわざのように、品性で本音を隠しても、全部を隠しおおせるものではありません。

たとえば、ごく非公式の内輪のパーティやセミナーなどで、アメリカ東部の名門大学の有名な偉い先生が、トランプとまさしく同じような単語を使って話していたことを思い出します。トランプの話を聞いて、「やはり、こういう意味の差別用語だったのだ」と思い当たるものがたくさんありました。

パーティやセミナーがお開きになって、みながくつろいでいるときが多いのですが、帰ろうとして、片づけが手間取ってしまったようなとき、部屋の隅の誰もいないようなところで、彼らのささやきが聞こえてきました。

聞こえてくるのは、「今日のパーティは気分が悪かった」「どうしてああいう連中を呼ぶんだ」などなどです。ただし、私たち東洋人は問題外らしく無視され、いわば蚊帳の外の存在であり、彼らが気にするのはユダヤ人のことでした。

一方、ユダヤ系の人々は、彼ら同士の会話の中で、やはり探り合いをしています。たとえば、授業が終わった教室の片隅で「今度、エルサレムのどこそこに巡礼に行く予定があるが、君はどうするの?」などと聞き合って、ユダヤ教に対するアイデンティティの程度、正統派のユダヤ教徒なのか、世俗化して個人主義的になり、ユダヤの伝統とは縁を切ってしまっているのかなど、互いを確認し合うのです。

つまり、欧米社会では日本では考えられないくらい、その人の出自や信仰、つまりアイデンティティを互いに気にしていて、それでいて普段は口にも出さず、おつにすましている人が多いのです。

しかし、たしかに見たところこうした価値観は、トランプには縁がなさそうです。たとえば、前にも触れたように、トランプの娘婿ジャレッド・クシュナーは富豪の息子ですが、正統派のユダヤ教徒です。そこでトランプの娘のイヴァンカは、キリスト教を捨て、ユダヤ教に改宗して結婚しました。敬虔なクリスチャンなら、ユダヤ教への改宗はやはり「家族を捨てる」ことになってしまうからです。言いかえると、トランプは「大事な娘を棄ててユダヤ教に捧げた」ことになります。

ですから、ユダヤ人社会は、トランプがいくら人種差別的発言をしても、「(親ユダヤだから)トランプは信用できる」として評価するでしょう。

現に、就任以来、トランプはイスラエル寄りの発言が増え、アラブ世界のひんしゅくを買っています。

しかし、いまだに古い宗教感覚に囚われているWASP（ワスプ）、つまりアメリカのエリート階級の人々が、この先、トランプをどう迎えるかにも、アメリカの行く末がかかっていると言えるでしょう。

衰亡のシナリオ8

中ロの圧力に屈し、イギリスとともに「離脱」に向かう罠

中国の未来はアメリカよりも日本にとって切実な問題

これまで述べてきたように、大国から衰亡への道をたどるアメリカですが、日本との関係においては、日米安保条約が早急に解消されることはないでしょう。日米双方とも、七〇年もの長い間、日本にい続けた軍隊をそう簡単に引き揚げさせることはできません。

しかし、いずれ日本との防衛関係が切れていく可能性はあります。そこで考えなければならないことは、少し長期的に見ると、世界はとうとうたる流れとして多極化へ向かっています。つまり、どこか一つの大国の意向で決まるのではなく、大ざっぱに言えば、ほぼ等しい力のいくつかの大国間に存在するバランス・オブ・パワー（力関係）が世界の方向を決める、ということです。そしてその時代に、日本が最初に考えなければならないのは、やはり中国の台頭です。

中国は今、急速に力をつけてきていて、その現実を止めることはもはや到底できない段階に来ています。これまでは「中国はいずれ崩壊する」とタカをくっていた多くの日本人も、もはや現実を直視する他はなくなっているのです。そもそも、アメリカのエリートたちですら、今やこの現実に向き合って未来を語っているのですから。

たとえば、購買力平価でいえば、そして他の指標でも二〇三〇年代には、アメリカのGDPを追い越すであろうと世界銀行も予測しています。

購買力平価とは、アメリカではドル、中国では元、それぞれの通貨で、同じ商品やサービスを自国内でどれだけ購買できるかを比率で示した数字のことです。もう中国が購買力ではアメリカを抜き、二〇三〇年、おそくとも三〇年代にはドルベースでもアメリカは中国にかなわなくなると言っています。

ですから、日本は「トランプ現象」を云々する暇があるなら、それよりもずっと真剣に、中国の将来を予測しておく必要があります。

ただ、ここのところ、中国の経済は停滞し始め、成長率も落ちてきました。

ですから悪いシナリオも考えておく必要があります。もし今の景気下降がもっと進んで、中国の経済がすっかり落ち込んでしまったらどうでしょう。

たしかに、そうなったら昔の清朝末期（一九〇〇年代初頭）や軍閥抗争（一九一六年から一九二八年にかけての内戦状態）のような混乱が起きるかもしれません。また一度、経済成長の甘い味を覚えた一四億の民が、新天地を求めて人移動する可能性も否定できないのです。そうなると、中国大陸は大きな混乱に陥ることになるかもしれません。

日本は、この現実にそろそろ真剣に向き合わなければいけません。日本人の悪いクセで、どちらの方向にせよ、自分にとって「いやなこと」には背を向けて考えないようにしてきました。

習近平は中国最後の独裁者になる

日本の話で横道に逸れるようですが、今の日本は財政赤字が積み上がっても、少子化が進んで、地方がさびれてシャッター街が次々と増えても、政府も国民も目をつぶってきました。しかし、ここで思い切って徹底的な財政再建など大改革をしないと、日本にはさらなる衰退の道が待っているだけです。

中国についても同じであって、危機感を持っても具体的な行動をしてきませんでした。しかし、停滞したとはいえ、今も日本の数倍の経済規模の巨大タンカーのような中国です。鈍くはなっても成長が急激に止まることはなく、大陸全体がすっかり落ち込むまでにはまだまだ時間があります。

そうすると、仮に五パーセントなり四パーセントの成長でも、あと二〇年成長が続いたら、軽くアメリカに追いついてしまいます。また、中国の公式発表によれば、中国は日本の四倍の軍事費を使っています。二〇三〇年には、中国の軍事費支出はアメリカを追い越すでしょう。これが、我々が直面しなければならない現実なのです。

おそらく、その膨大な軍事力を背景に、中国はまず台湾を併合し、返す刀で尖閣を奪いにくるでしょう。そうなると、アメリカはもはや到底、頼りにはなりません。そのときは、日本人は断固として、元寇に立ち向かった鎌倉武士の心意気を持って、日本の国土を枕に討死にの覚悟をしてでも、尖閣への侵略を防がなければいけないのです。少なくとも、中国にはそういう日本の覚悟を見せつけておかないとなりません。

いずれにしても、こういう意味で、中国の未来を考えるほうが、もはやアメリカの未来を考えるよりもはるかに切実な問題なのです。

まず大切なのは、日本が、「共産党の独裁政治は許せない」という中国の現状への基本姿勢を維持し、民主的な改革を促し続けることです。この原則は、命をかけても日本が守るべき砦として確認しておくことです。

そのうえで、たとえば、中国で共産党独裁が崩れ、民主化が進む可能性も考えておくことです。私は、二〇三〇年ごろには、なんらかの見通しを立てることができると考えています。なぜならば、どう考えても、あの無茶な中国の今の政治体制が成り立ち続けるとは思えないからです。習近平体制は最後の独裁体制になるでしょう。

組織がある中国共産党、強面だが中身はがたがたのプーチン体制

いずれにしても、中国の未来については、まだ先行きがはっきりしないところがあります。しかし、もっとわかりやすいのはプーチンのロシアです。現在のロシアは、極めて脆い状況にあって、あの体制を維持することは不可能です。

おそらく遠くない未来に、ポスト・プーチンのロシアでは必ず民主化が始まるでしょう。ですから、安倍首相は今、一生懸命プーチンとダンスを踊ろうとしていますが、そんな無駄なことはしないほうがいいと思います。

プーチン体制のロシアは、仮にどのような口約束をしても、守ることはないでしょう。したがって、安倍首相がせっせとロシアに日参しても、しょせんは経済協力という名のもとで日本にお金を出させるだけで、北方領土は戻さないでしょう。ましてや「二島なら返還しますよ」という怪しげなエサに飛びついてはいけません。

今、遠くない未来と言いましたが、私は、プーチン時代が終わってのち、遅くとも、これから一〇年の間に、本物の民主化が始まると見ています。

なぜならば、ロシア人は、かつて民主主義の味を知り、それを覚えているからです。それは、ゴルバチョフ、エリツィンの時代です。当時のロシア（あるいはソ連末期）は今よりもずっと言論の自由があり、民主的な政治が行われていました。

じつは、よくも悪くも、ロシアは欧米社会の影響を受けやすい国です。やはり、西洋の国の一つであり、個人主義の社会でもあるのです。ですから、そういう国民が、いかに七〇年間の共産主義体制による圧政が伝統的になっているとしても、ペレストロイカで味わった民主主義のようなものを忘れているはずがありません。

そして、今のプーチンの支配体制を見ると、外面は強面で強固に見えますが、中身はがたがたで、プーチンとその一派が利権の配分をして国を治めているだけです。これは、中国共産党の上層部と同じ構造です。

中国との違いは、中国共産党には組織があるのに対して、プーチン体制には中国のような確かな統治組織がないことです。ですから、崩れるときは、すでに強権だけの蜃気楼のような体制なのですから、それこそ一気に崩れるでしょう。

そのとき、大きな民主化の流れが生じ、ロシアにも再び世界史的なうねりの時代が来るでしょう。

「米中ロ互角の時代」にアメリカはどうするか

アメリカだけが覇権を握っていた時代は、すでに終わりを告げています。アメリカの衰退は、他国がさまざまな力をつけてきたことで起こった相対的な現象ですが、その他国とは、ロシアと中国に集約されるでしょう。

ただし、「ロシア対アメリカ」と「中国対アメリカ」では、それぞれの国の事情により、その趨勢(すうせい)には大きな違いがあります。ここでは、アメリカと両国との力関係を整理しておきましょう。

まずロシアです。じつは、ロシア外務省は、トランプ陣営の高官たちと、選挙中からメールのやり取りをしていました。

ロシアは、トランプが勝つと即座にそのことを認めました。ロシアとしては、軍事力というよりは、サイバー空間の戦いで、アメリカと互角の戦力を持っていることを示したかったのでしょう。

発表されないとわからないような目には見えない力を競っているということでは、宇宙をめぐっての戦いも同じです。宇宙戦の能力は、アメリカとロシアのどちらが優位に立っているのか、よくわかりません。

これが、航空母艦の数とか、戦車などの数で競っているのであれば目に見えますが、こうした武器を使用する戦争は、第二次世界大戦で終わりました。ですから、武器の数を競うのは、今や無駄なことなのです。

目に見えず、知らないうちに勝負が決まると言えば、核ミサイルもあります。これに関しては、ロシアのほうがアメリカを圧倒していると私は見ています。

ロシアは、一万キロも飛んでいって、ニューヨークやワシントンを一発で灰にできるだけの威力を持つ最新の核ミサイルを持ち、それも次々に更新しています。ですから、サイバー戦も含めた軍事力全体については、アメリカとロシアの差はこの一〇年でどんどん縮まっているのです。

次に中国です。中国とアメリカの国力の差の縮小がもっとも劇的に表れているのは経済力です。前述のように、購買力平価で考えるとおそらく二〇三〇年代には、中国のＧＤＰがアメリカを追い越すことになりそうです。

それは軍事費にも影響を与え、トランプが増やさないかぎり、軍事費もアメリカを追い越すでしょう。つまり、覇権国家のバロメーターである二つの指標、経済力でも軍事力でも、おそくとも二〇四〇年ごろには中国はアメリカを追い越すと考えられるのです。

しかし、二〇年前、こうした事態を予想する人は稀でした。相対的に衰退しているとはいえ、アメリカの優位は揺るがないと思っていたのです。とくに日本は「アメリカ一極」が永続すると信じ、安全保障も国際市場もずっとアメリカに依存できると考えていました。

こうした選択をしたのは、橋本龍太郎からあとの時代です。とくに安倍政権は今もこの方向をいっそう極端に推し進めています。そして、今やアメリカに依存する代わりに、アメリカができない南スーダンなどのＰＫＯを引き受け、オバマ政権に言われてＴＰＰに応じ、自由貿易を進めるために、アメリカのサポーター役を演じてきた挙句、ＴＰＰを葬ったトランプによってハシゴを外され、アメリカに足をすくわれてしまったのです。

「核の傘」に守られ続けるか、日本独自戦略の確立か

国連でも、アメリカのリーダーシップのもとに、安保理の非常任理事国などになり、常任理事国になるための支援をアメリカに働きかけました。

最近起きた核兵器の禁止条約の問題でも、エジプトやメキシコなど、アメリカに依存している国でさえこぞって賛成する中、日本はアメリカの圧力に負けて反対に回りました。アメリカの横槍が入ったことは、外務省関係者も認めています。いくらアメリカの「核の傘」に守られているといっても、唯一の被爆国としてあってはならない選択ではないでしょうか。

日本が反対したのは、表向きは、アメリカの核の傘が使いにくくなるという理由からでしょう。しかし、そういう意味で言えば、中立を保つほうが有利です。「核兵器使用は国際法違反」ということになればアメリカの核戦略は不利になるからです。

たしかに、条約が批准されれば、アメリカは日本に「核の傘」を出しにくくなります。しかしその場合、それを理由にして日本独自のミサイル防衛網の確立を安保上の

国策として、核への対処戦略として考える余地が出てきます。

つまり日本だけを守るミサイル防御に文句を言うアメリカに対しては、「アメリカの核の傘に頼りたいが核の廃絶も実現したいので」と反論をすることができるでしょう。今回、安倍政権は、何十年に一度のそういう大事な機会を逃してしまいました。

自衛隊はいつもがんばってくれているし、隊員たちもとても信頼できる、国民にとって大切な人々の集団です。しかし、海自などに見られるように、やはり自衛隊の組織となると、日本の安保体制がアメリカの世界戦略に完全に組み込まれてしまっており、いわば自衛隊は丸ごと「アメリカ軍の一部」あるいは、自衛隊単独では戦えない「アメリカ軍の補助部隊」になってしまっているのです。

今アメリカは、トランプの下で、その軍事力を誇示しつつも、昔とは様変わりの孤立主義によって、ロシアや中国に本当に対峙するつもりがあるのか、甚だ頼りにならない超大国になっています。

しかし、我々日本人がもし当たり前の愛国心を持っているのなら、これは、前にも述べたように、日本が文字通り自立した国になるチャンスなのかもしれません。

中ロの利害は「アメリカを追い出す」で一致している

忘れもしない二〇一六年九月、中国とロシアは、南シナ海で共同の軍事演習を行いました。中ロが結びついたきっかけは、オバマ政権下で衰退しつつあるとはいえ、まだ当時のアメリカが怖かったからでしょう。

オバマ時代のアメリカに覇権国家としての自覚があれば、二〇一五年以降のロシアが、シリアをはじめとする中東に乗り出すことはできなかったでしょう。そこで、中国の習近平と手を結ぶことにして、プーチンは彼に南シナ海に人工島を造って軍事進出するようにけしかけたのです。

しかし、今後はロシアや中国がどう出ようとも、アメリカには、中東と南シナ海で同時に失地回復する力は残っていません。

南シナ海に出てくる中国を抑え込もうとしたら太平洋を渡ってこなければならないし、シリアでロシアやイランと対抗しようとすれば、大西洋から地中海を越えなければならないのです。

就任した当時のトランプは、たしかに、南シナ海における中国の行動を阻止するといきまいていました。しかし、地政学的に言えば、勝負はもうついています。

太平洋や大西洋を越えてこなければならないアメリカは、膨大な資源と軍事力を動員して国力を双方向に分割し、中ロそれぞれに対する大きな包囲網を作るようにして反攻するしかないのですが、地政学的に優位に立つ中ロにはいわゆる「内線の優位」という独自の機動力があります。

アメリカと中ロとの間で軍事力に差があったとしても、中ロは連携すれば容易にアメリカとの勢力争いに勝つことができます。この戦い方を古来、「内線（作戦）の優位」と言い、かつて十九世紀の独英露がヨーロッパを東西から包囲するのに対し、ナポレオンがこの作戦を頻繁に採用して英露の包囲網を打破しました。中ロを分断することができない現在、アメリカは明らかに不利なのです。

アメリカも、キッシンジャーの時代であれば、内線作戦の逆、つまり外線作戦が可能でした。なぜならば、中国と当時のソ連が、共産主義のイデオロギーをめぐって鋭く対立していたからです。

ソ連は、米ソの緊張緩和なども視野に入れた修正主義、中国は文化大革命に代表される過激主義（教条主義）と、二国はまったく相反する革命路線を歩いていたのです。

さらに当時の中国は非常に貧しく、技術力や経済力も劣っていました。対立するソ連に対抗するために、アメリカの援助がとても必要だったのです。中ソの間にはすでに巨大な亀裂があったのですから、キッシンジャーはそこにクサビを打ち込んだだけで、「共産主義者とでも手を組む」と決断さえできれば、彼でなくても容易に中ソの対立を深めることができたでしょう。

しかし、今のロシアと中国には、あの時代の亀裂はどこにも見えません。ロシアにしてみれば、現在の最優先課題は、アメリカの影響を少しでも多く削ぐことにあります。

ロシアにとってはもちろん、中国も脅威です。シベリアの中国人も増え、ところによっては中国化さえ進んでいます。でも、ＫＧＢ、つまり秘密警察的な手段を使えばいつでも追い出すことができるこの中国人移民の問題は後回しでもいいわけで、当面の相手はアメリカなのです。そのために、とりあえずは中国と結んで、西太平洋などの海に進出したい中国を後ろから煽って、アメリカと対立させようとしているのです。

つまり、アメリカをアジアや中東から追い出すことを最優先課題に位置づけているということで、現在、中ロの利害は極めて一致しているということです。ですから、このアメリカに今、トランプが登場してきたのは必然的なできごとでした。

なぜならば、地政学的に見て、中ロの行動はある意味でアメリカの大きな国益にピタリと合っているからです。つまり、今のアメリカはムリして世界的な覇権を維持しようという意志をなくしている状態なのです。南シナ海で中国と、中東ではロシアと向き合い、同時にウクライナ問題ではNATOと一緒になってロシアを抑え込む、そんなことができるほどの力はアメリカにはないのです。

「国益を生まない義務は負わない」トランプ宣言は正しい

一九九〇年代の初めに私が申し上げたように（たとえば拙著『国際情勢の基調を読む』一九九一年、『回帰する歴史』一九九四年、あるいは『覇権の終焉　アメリカ衰退後の世界情勢を読み解く』二〇〇八年、とくにその第三部の収録論文など。以上すべてPHP研究所）、冷戦後のアメリカの覇権、いわゆる〝パクス・アメリカーナ・パートⅡ〟というものは二〇〜二五年で終わるときが来るという、その予想通りになっているのです。決して先見の明を誇るつもりはありませんが、この間ずっと危ういことにアメリカの一極体制の永続を信じ続けてきた多くの日本人も、トランプが登場したことで、ようやくはっきりとそういうときが来たことを認識できるようになったのは、日本のためによかったと喜んでいます。

そして二〇三〇年ぐらいまで、世界情勢を眺める射程を延ばしていけば、今度は具体的な数値で、アメリカの経済力や軍事力などの衰退がもっとはっきりするでしょう。

じつは早くからアメリカ国民の良質な人々は、意識的か無意識的かはわかりませんが、こういう状況になることを予感していました。そこで、二〇一〇年代に入っていわばアメリカの「集団的な無意識」というものが、今後は「世界の超大国」としての振る舞いはやめよう、アメリカの国益にならない義務を負うのはやめようという結論を出しました。そういうアメリカ国民の集合的な意思が、今回の大統領選挙に表れたのです。

ですから、「国益を生まない義務は負わない」というトランプ宣言は、トランプだけの意思ではなく、「アメリカ国民全体の集団的意思」だということになります。やはり、時代を先取りした、ある意味賢明な選択だったのかもしれません。

これを『アメリカ帝国衰亡論』的に言えば、終わりの時代を迎えたアメリカの象徴がトランプだったということであり、おそらく後世の世界史にはそう記されるでしょう。

今、トランプの支持率は五割以下で、デモも多発し、アメリカは割れています。多くの識者も、トランプの当選を予測できませんでした。私も、ぎりぎりではあるけれど、クリントンが当選すると思っていました。

なぜ、見誤ったのか、それは、これまでのアメリカが果たしてきた役割を継げるのはクリントンなので、引き継いでほしいという希望的観測があったからでしょう。率直に言って、私自身も含め、引き継いでくれなければ「世界は大変なことになる」という願望を交えた先入観に突き動かされて予測を間違えたのです。

ですから、アメリカの従来主流派を形成してきた大メディアなどの多くの論者は、まだ、この結果がアメリカの集団的な意思であることを認めたがりません。ロシアのハッキング、あるいは失業した中産階級が怒りに任せて感情的になってトランプを支援したことを、番狂わせの理由にしようとしています。

しかし、私は前にも述べたように、たとえクリントンが当選していたとしても、アメリカはこれまでのような役割を果たすことはできないだろうと思っていました。繰り返すようですが、国益につながらない義務は負わないというのは、すでに早くからアメリカそのものの意思だったのです。ロシアの選挙への介入があったとしても、それも含めてトランプの勝利は、やっぱり歴史の必然だったのです。

国際的開放主義から保護主義政策への道も当然

トランプが当選したことで、彼に投票しておきながら「しまった！」と思ったアメリカ人は多いようです。まさかと思っていたことが現実になったことにとまどっているのかもしれませんが、前項で述べたように、アメリカの歴史を貫く「集団的な意思」がそうさせたと見るべきでしょう。

イギリスでも、ＥＵ離脱決定を「しまった！」「離脱賛成派に騙された」と、ほぞを噛んでいる人が多いとされています。

しかし、私に言わせれば、ＥＵ各国からの移民が自由に入り込んでくることに嫌気がさしたイギリス国民の「集団的意思」が働いていたのです。客観的に見ても、長期的に見てもこれしかない選択だったと思います。

なぜならば、世界が多極化に進むであろうという予感にそって、たとえ皮膚感覚であっても新しい時代の流れを読みこんだうえでの選択だったからです。そのことを、イギリスのメイ首相は、二〇一六年十月の保守党大会の演説で明言しています。

「イギリス国民の選択は、新しい時代にふさわしい選択だったことは明らかだから、私は、この方針を貫徹する」

つまり彼女は、いわゆる「強硬な離脱」をＥＵに通告し、後戻りができない形で離脱交渉を進めると宣言したのです。

しかも、彼女は離脱を望んだイギリス国民の真意をよく知っていたのでしょう、移民はもうこれ以上大量には入れないと言いました。さらに移民を一定の比率以上に雇用した企業への補助金をカットし、これまであった税制上の優遇措置も認めないと、企業にも厳しく通達しました。

さらに注目すべきことは、彼女はこの演説の中で、小さな政府の時代も終わった、という趣旨のことを言いました。これにより、サッチャー以来の市場の自由化一辺倒で来た流れを変えて、公平を重視し、政府の介入も積極化していくという意志を明らかにしたのです。

これは、ミセス・サッチャーの時代に始まったことが私の時代で終わる、というある種、大風呂敷的な宣言です。

つまりメイ首相は、初めての女性首相（つまりサッチャー）が始めた新自由主義という市場原理主義的な構造改革によって、イギリス経済が再生したことを認めつつ、その政策を転換させると言ったのです。

なぜなら、その結果、大きな格差が生じ、従来の中産階級が崩れ、地域が危うくなっているからです。これ以上進めるわけにはいかないという判断でした。そして、これからは格差をなくすために、平等化を自らの政権のテーマにすると言っているわけです。もちろん、イギリスの国内には、ハードなEU離脱による経済的な損失を強く憂慮している人々は多いし、さらなる市場原理の貫徹を訴える意見も根強いため、メイ政権は今後、世論の大きな揺り戻しに直面し、場合によると苦境に陥ることもあるでしょう。しかし仮に政権が代わったとしても、大筋でEU離脱や格差をなくしていく方向への流れが変わることはないでしょう。

イギリスのこうした選択は、トランプ時代のアメリカの選択と大筋では同じです。トランプは大きな声で、口汚く移民を軽蔑する言葉を吐くから目立っているだけなのです。

またメイ首相は移民問題に限らず、貿易についても、イギリス企業を優先させると、保護主義的なことを言っています。トランプはTPPから離脱、イギリスはEUから離脱。結局、トランプもメイも一国主義に進もうとしているということで、「いっそうの市場開放」を唱えてきたグローバル派や欧米主要メディアから見ると、「同じ穴の貉（むじな）」だということでしょう。それゆえ、次の選挙でメイ政権は、そういった勢力から相当の反撃を受けることになると思うのです。

さらに、両国ともに、今後は二国間での自由貿易協定を結んでいくと言っています。

これはつまり、みなが一堂に会した国際的な場、いわば多国間の自由貿易体制を作ろうという思想は、すでに過去のものだということです。

そういう結論を、経済の自由化という点ではもっとも進んでいたはずの、二大アングロ・サクソン国家が出してしまったということが決定的な歴史の潮流と思われ、大きく言ってこれが反転することはあり得ないのです。

アメリカ経済史の紆余曲折

私たち日本人は、アメリカというと、市場経済主義国家の典型的な例であると考えがちです。

しかし、アメリカの経済史にも紆余曲折があり、保護主義こそアメリカの対外経済政策の本流だった時代が長くあり、また第二次大戦後も市場に国家がしばしば介入するという「混合経済」の時代がありました。たとえば、一九三〇年代に始まったニューディール（新規まき直し）政策です。

これは、フランクリン・ルーズベルトが、世界恐慌を克服するために行ったもので、このとき、政府は大きな財政支出をしました。ピーク時には、GDPの四割ぐらいが「政府経済」、つまり国家経済だったのです。

この時代は、長くみると、一九八〇年代のレーガンの時代まで、約五〇年間続きました。この時代に実施された経済政策が、いわゆる「混合経済」です。何が混合かといえば、自由放任の市場経済と、政府が管理や介入をする計画経済が混合した経済政策のことです。

私は経済学を、この「混合経済」をよしとしている、たとえばノーベル賞学者ポール・サミュエルソンの教科書『経済学』で学んだものです。彼は、いい経済政策は限りなく社会主義（〝社会市場主義〟）に近づけていくことだと考えていたフシすらあります。

それが転換したのは一九八〇年代前後で、かつて混合経済がもてはやされるはるか前に活躍したアダム・スミスやデヴィッド・リカードがよしとした、原理主義的な市場中心の経済学です。これは、極端に言うと政府の役割をいっさい廃して、需要と供給の純粋な経済学の原理を守れというもので、市場原理主義と言います。

以前に戻れという意味で、これは「新古典派経済学」と言われています。この経済学は、八〇年ごろから先進国を中心に、まさに燎原の火のように広がりました。レーガンの名を取ってレーガノミクス、サッチャーの名前をもじってサッチャリズムとも呼ばれ、構造改革論、規制緩和論、金融ビッグバンなどの経済用語が飛び交いました。それがワンテンポ遅れて日本に入ってきたとき、論壇・マスコミの寵児になって、躍り出たのが竹中平蔵氏だったのです。

イギリスとアメリカは別の国ではない――一つの「勢力」という視点

もちろん、米欧中心にインフレと不況が同時に進んでいた（スタグフレーション）七〇～八〇年代のあの時期には、こうした経済政策が必要でした。一気に活性化するには、政府の補助金を全部カットして、潰れるべき企業は全部潰し、小さな政府に移行していって、純粋な需要と供給の論理で動かしていくしかなかったのです。

そして国境をなくして、資本の移動を自由化していけば、効率よく成長ができるという理屈でした。それを実行に移したのがこの三〇年ほどです。しかし、それがうまく機能していた時代は、二〇一〇年ごろを境にして終わりが見え出しました。

メイが指摘したのはそのことです。これらの経済政策は役割を終えた、つまり「フルサークル」（一回り）という言葉を使って彼女は言いましたが、成功はしたけれど、これ以上の出番はないということです。

つまり、時代は一回りして、財政悪化や格差拡大など悪い面が出てきたから、もうやめましょうという意味です。いい面が出ている間は続けるけれど、弊害が多くなってきたから、やめるほうがいいに決まっているでしょう、というのが彼女の論理です。

この論理、もちろんアメリカも同様です。イギリスとアメリカは、もともと同国人ですから、お神酒徳利のように同じ思考があり、お金の話になると根本の発想が同じなのです。

この一年の間に、イギリスがＥＵ離脱宣言をし、次いで、トランプがＴＰＰ離脱を宣言しました。じつは、いつも、イギリスはアメリカよりもワンテンポ早く変化の狼煙を上げます。過去には、一九七五年に保守党党首になったサッチャーが新自由主義という名の経済改革、小さな政府、規制緩和などを言い出し、五年後にレーガンが同じことを言い出しています。

つまり、イギリスの動きを見ていれば、アメリカが近い将来、どう動くかがわかるのです。これは、アメリカのメディアや政策エリートが、口には出さなくてもイギリスのメディアを常に意識して、ときにはその後追いをするからでしょう。

政治家もジャーナリストも、同じ言語で育った人々なので、イギリスで書かれた書物を読む機会が多く、「アングロスフィア」（英米の知的な影響下にある国々）として結局、みなその知的レベルを高く評価しているからです。したがって、知らず知らずのうちに影響されてしまうのです。

そういう意味で、経済、文化、思想などなど、あらゆる面で、イギリスとアメリカを普通の意味で別の国だとは思わないほうがいいようです。オランダなど他のいくつかのヨーロッパ諸国も含めて、「同じ国なんだ」と思えば、自ずから、日本の立ち位置をいかにとるべきか、ということもわかってくるでしょう。

エピローグ——アメリカ衰亡の時代に備え、日本の生きる道を考えておくこと

世界の変化、国際情勢は「三つのレベル」で考える

以前から、私は、世界情勢を考えたり、世界の変化を推測したりするときには、上層、中層、下層と、三つのレベルで考えると、見えなかったものが見えてくると思っています。

上層に来るのは、日々送られてくるメディアからのニュースなど、日常レベルの情報です。その下の中層にあるのはもう少し構造的なもので、たとえばパワーの問題、関係国の間での力関係や、その国の国益の基本構造など。そしてさらに下の下層にあ

るのが、世界史的潮流（たとえば、帝国主義の趨勢、あるいはグローバリゼーションといった長期にわたる時代の流れというもの）です。

上層の部分では、たとえば、トランプがどんな政策をとるか、日米関係はどうなるか、中国は尖閣に来るのかなど個々のニュースが判断材料になります。具体的なケース、つまりイシュー（論点）単位で事件の行方などを考えることです。これは多くの人々やメディアが日々実践していることです。

しかし、こうした上層の論点だけで国際情勢を論じることは、いわゆる井戸端会議や床屋談義のようなもので、メディアの受け売りでもいいので誰でもできます。その先行きを正確に予測するためには、論点の中層以下にある、もう少し構造的な要因を考えなければなりません。

その中心になるのは、当面のイシューの中心にいるプレーヤーの主体としての問題ですから、その力関係を知ることです。これは、国際政治に関する構造的な要因を考えるために不可欠な知識です。

もし、アメリカと中国の関係を考えるならば、双方の力関係の現状をできる限りリアルに見るということです。

たとえば、かつて冷戦終焉後の時代にアメリカ一国覇権の構造が成立していたとき（主として一九九〇年代から二〇〇〇年代半ばまで）には、中国の軍事力はアメリカにはるかに及びませんでした。双方の力関係に大きな差があったために、中国は尖閣を自分の領土だと口では言っても、行動に出ることはありませんでした。

しかし今、米中の関係は変化し、中国が軍事力で追いついてきました。今や中国は大陸間弾道ミサイル（ICBM）で、アメリカ大陸に何百発と水爆を撃ち込むことができます。さらにアメリカの航空母艦を一発で沈められるような高性能のミサイルをたくさん持っていて、二〇一五年の九月に天安門広場で、このミサイルを大々的に誇示して一大軍事パレードまでやりました。

日米安保で尖閣は守れない

そして、軍事力の拡大を背景に、中国は今やあからさまに尖閣を狙っています。とするとアメリカが、このように軍事力を飛躍的に増大させた中国と、日本の端にある、誰も住んでいない小島を守るために戦うでしょうか。

たしかにアメリカは、尖閣諸島も日米安保の適用範囲内だと繰り返し言います。しかしアメリカは、平時には中国軍の進出を抑止はしても、実際に紛争が起こっても、絶対に中国とは戦わないでしょう。つまり、アメリカ艦隊は、ときどき東シナ海に入ってきては中国を牽制しますが、中国海軍の勢力がさらに強まり、東シナ海の制海（空）権が向こうへ移ると、米第七艦隊は近づかなくなるでしょう。これはすでに制海権が中国の手中にある黄海には、今やアメリカは絶対に入らなくなったことを見ても明らかです。

そんなことをすれば、大陸内部からのミサイルや航空攻撃の餌食になってしまうからです。たとえば、二〇〇四年以降、この海域に入ってくるアメリカの航空母艦の後ろには、中国の原子力潜水艦がピタリとついて離れなくなり、アメリカをめったなことでは近づけなくさせています。

そして、ときどき至近距離で浮上して、実戦だったら魚雷一発で沈めることができるんだぞと威嚇しているのです。要するに、戦争ゲームをやってアメリカ海軍に中国軍の力を誇示してアメリカを追い払っているわけです。今後、中国はこれを東シナ海、次いで西太平洋へと広げていくことは火を見るより明らかです。

このように、世界の変化を日々の国際ニュースや、イシューの下にあるこうした構造的なレベルで考え、たとえば米中両者の軍事バランスを少し継続的に観察すれば、すでにここまで格差が縮まっていることがわかります。そうすると、たとえ米中が北朝鮮や南シナ海の問題で対立を深めても、アメリカが中国に強く出ることなどあり得ないこともわかるでしょう。まして、「アメリカ・ファースト」と唱えるトランプ政権のアメリカなら、まったくあり得ない話だと考えておいたほうがよいでしょう。

これが、少し前のブッシュ（父および子）やクリントン政権のときであれば、アメリカは依然保っていた圧倒的な強みを生かしたことでしょう。

たとえば、中国が台湾の沖合にミサイルを撃ち込んだとき、あの弱気のビル・クリントン大統領でさえ、台湾海峡に空母艦隊を出しました。そうしたら、中国はすぐミサイル演習をやめたのです。一九九六年のことでした。

今、同じことが起きたら、アメリカは、中国に対して面と向かって二隻もの空母を出すことはできません。中国はおそらく、弾頭のついていないミサイルを空母の周囲にどんどん撃ち込み、脅しをかけてくるに違いないからです。

これが、日本と中国とアメリカの現実です。日本の知識人と呼ばれる人々は、右も左もこうした現実から目をそらしたがります。解決策を見出すことが難しいからなのかもしれません。

しかし、二〇年後、三〇年後と長期的にものごとを考えるために、中国という国の本質を推察するときには、並はずれたパワーが渦巻いていた中華帝国の時代を視野に入れることも必要でしょう。過去の中華帝国を学ぶことで、中国の未来も容易に見えてくるのではないでしょうか。

国や力を超えた「世界史的潮流」を読めば、世界のマクロな変化は見通せる

そして、世界を深く読むために目を向ける必要がある、中層のパワーの構造という層のさらに下にある世界史的潮流です。

つまり、何十年単位で動く世界の趨勢を、たとえば日々の生活を送るために人間が

何を一番大切にして、その時代を生きていくのかを見るということです。これは、多少のずれはあっても、大体において地域差はなく、世界史的に共通しています。

たとえば、今から一〇〇〇年ぐらい前まで、人類は現実を動かす要因としての迷信を信じて生きてきました。ものごとを決めたり、未来を占ったりするとき、呪術師の存在は欠かせなかったのです。ですから、現代人とでは、世界観や人間観、自然観や生活感覚が大きく違っていて、生き方の方向性も違っていました。

そして、時代が大きく変化した二十世紀、この世紀に生きた人々は、日本人もヨーロッパ人もアメリカ人も共通して、物質生活の豊かさを追い求めてきました。少しでも豊かになろうとして、必死に働いて、必死に収入を増やしました。

西洋と日本のこうした情念は、やがて、中国や他のアジア諸国でも歴史を動かす主役となり、歴史的潮流となりました。今の中国をはじめとするアジアは、豊かになりたい、という衝動が作り出す流れの渦にのみこまれています。

しかし、今の若い世代の日本人には、もはや豊かになるために必死に働き、必死にお金を貯めるという気風は著しく衰えています。

彼らは何のために生きるのでしょうか。お金のためではなく生きようというその生への衝動が、これからの日本の歴史に大きなうねりを作っていくのです。

つまり、日本は、もっとも早く、物質的な豊かさを求めて必死に働くという局面を突き抜けたのです。いわば、次々に変化する歴史の流れの先頭に立っている「超先進国」ということでしょう。

ということはすなわち、日本は、世界史的潮流の最先端を行っているわけで、後ろからものすごい奔流が押し寄せてきているということになります。

この奔流をどう泳ぎ切るのかが生きる道を定めるためのテーマです。アメリカも押し流されています。トランプ大統領はどう泳ぎ切ろうとしているのか、この大奔流を見定めてこそ、見通すことができるのです。

対中「エアシー・バトル」(武力戦争)の時代は終わった

さらに、話を、この本の主たるテーマであるアメリカに限ってみると、アメリカの将来を予測するためには、もう一つだけ考えておかなければならないテーマがあります。

それはアメリカが持つ、地政学的条件から見た力関係に生じている決定的変化です。これは、大きな問題で、日々の国際政治の行方を決定することが多々あります。

今、地政学的に世界情勢を見ると、数百年に一度の大きな変動期を迎えています。コロンブス以来の世界史が、かつてとは逆の地政学的条件の変化により、転換を始めているということです。この二〇年で、その大きな方向が見えてきました。

コロンブスによって、海洋国家優位の時代ができました。彼が切り拓いた時代は、海を支配することで、アメリカだけではなく、イギリスやオランダなどの国々が、海洋貿易国家として近代を作り上げた時代でした。

イギリスが大英帝国を築けたのも、直接海に面していて、ドイツやフランスに比べればずっと有利に海外への躍進ができたからです。

そして、アメリカは、大西洋と太平洋という二つの大海に面しています。ですから、二十世紀になると、イギリスをしのぐ力をつけるようになりました。

大西洋艦隊、太平洋艦隊と両方の海に睨みを利かせ、日本の連合艦隊を滅ぼし、太平洋を「アメリカの湖」にしてしまいました。これがパクス・アメリカーナの根本的な力です。

こうして、世界の海を支配したアメリカは、ピークの時代から、一九九一年の湾岸戦争を経て、今も世界の海を支配しています。

このように、地政学的条件に恵まれて、世界の海を支配してきたアメリカですが、二十一世紀に入った現代では、その地政学的条件が有利に働かなくなってきています。過去三〇年にわたったグローバル経済の普及によって、「世界の海を支配したからと言って、それが何？」という時代になったからです。

二十世紀ならば、中国が尖閣諸島を占領するとか、南シナ海に進出するとか言って、一線を越えるようなことをすれば、軍事的に反撃することができました。

海のヘリポートや、遠く離れたグアム島と台湾の中間あたりから、ミサイルを浙江省か上海周辺に撃ち込んで威嚇することができたでしょう。これを「エアシー・バトル」と言って、ついこの間（二〇一〇年ごろ）までアメリカは自らの軍事力の優位を誇っていたものでした。

アメリカは、こういう時代遅れのコンセプトで動いていたのですが、それからわずか数年、そんなことはあまり意味を持たない時代になりました。たとえ実戦を考慮しない純粋な「抑止」戦略としても、もはやそんなことは成り立たなくなっているからです。こうした一見、好戦的な対中戦略を作れば、アメリカも到底無傷ではいられないことは誰の目にも明らかだからです。それだけ、中国の力が強くなったのです。

「海洋の世紀」から「大陸の世紀」へ――コロンブス以来の世界史の転換

話を戻して、今起きている、まさしく世界史的ともいえる地政学的な変化について考えてみます。

それは、海洋の世紀が終わって大陸の世紀が始まる、つまり、地理上の発見以前の、ユーラシアの大陸国家優位だった中世に戻っていくだろうということです。過去三〇〇年くらいが大変特異な時代で、そこではイギリス、そしてアメリカという具合に、海を支配するものが世界を支配してきました。しかし、今や個別の国家による海の支配はたいした利益を生まず、力の源泉でもなくなろうとしています。とりわけ、アメリカ大陸の経済・安保両面での価値が失われ、かつての有利さがすべて弱点になってきました。

たとえば、タンカーを使って海の上を時間をかけて動くよりも、高速鉄道を完備して陸と陸をつなぎ、ユーラシア大陸を短時間で横断するほうがずっと強い力を発揮できるのです。

中国が、「一帯一路」や「AIIB」などの戦略を打ち出したのも、こうした認識の転換を見て取ったからです。

中国の言う「一帯一路」とは、習近平が提唱した、中国主導のユーラシア大陸をつなぐ経済・外交圏構想です。たとえばユーラシア大陸を横断して、ヨーロッパとアジアをつなげば、強力な物流の幹線ができます。

今まではもっぱら海を回って物資を運んでいたのが、この幹線を作ることで、パナマ運河に依存する海上交通を衰退させようとしているのでしょう。

中国は、この中央アジアを横断する陸路を「陸のシルクロード」と呼んで、ユーラシア大陸の南沿岸をつなぐ「海のシルクロード」と併せて、最強のユーラシア横断路を作ろうとしているのです。ＡＩＩＢは、インフラ投資のための資金を調達する目的を持つものといえます。

たしかにこの構想は、中国主導であることは明らかです。しかし、少なくとも、これだけの雄大なヴィジョンを持った中国の野望——たとえ成功するかは疑問だとしても——に対して、もはや何の理想もない「アメリカ・ファースト」の孤立主義を標榜するトランプのアメリカが対抗できるのでしょうか。

我々日本にとっては受け入れがたいものがありましょうが、「衰亡するトランプのアメリカ」と興隆への潜在力を有する中国の未来のコントラストをつきつめて考えるときが来ているのではないでしょうか。少なくとも、一貫してアメリカに依存してきた戦後日本の国家としての選択は、誤っていたことを認めざるを得ないのではないでしょうか。

「エアシー・バトル」から「オフショア・コントロール（抑止戦争）」へ

現在、アメリカではさまざまな対中戦略が語られていますが、とくにワシントンでは奇妙な戦略論がここ数年、流行したことがありました。たとえば、中国を抑止するには、その対外貿易ルートをアメリカの海軍力を用いて威嚇することだ、という議論がありました。しかし、現実的に考えて、アメリカ海軍が貿易を止めることができるでしょうか。たしかに、中国はヨーロッパにコンテナ船をたくさん運んでいますが、これを止める戦略をペンタゴンの戦略家は考えていると言われます。

軍事雑誌にも発表されたこの戦略は、中国大陸に近づくと危ないので、海のかなたから中国を抑止しようというものですが、一言で言えば経済制裁です。経済制裁と言っても、輸入禁止とかというような軽い制裁ではありません。

たしかに今の中国は貿易立国ですから、貿易をしなければ食べていけない国になっています。ですから、中国の貿易路である南シナ海やインド洋で、アメリカの艦隊が中国船の航路を封鎖し、臨検して、足止めをしてしまえば、貿易ができなくなった中国は干上がってしまいます。

ですから、たとえば、中国が尖閣諸島を占領しようとしたら、この戦略を振りかざして実行するぞ、とアメリカが威嚇すれば、中国は危ない行動をしないだろうというわけです。この戦略を先ほどの「エアシー・バトル」に代わる「オフショア・コントロール」と言います。

しかし、すでにアメリカは中国の貿易を阻止できないと私が言ったのは、そもそも「オフショア・コントロール」なるものは実行できない戦略だからです。なぜならば、これは事実上、戦争行為と見なされるからです。誰が見ても実行できない戦略に、抑止力はありません。こんなことをアメリカの軍当局が真面目に考えているとしたら、アメリカの衰退はいっそう早まっていると思うしかありません。

仮に、トランプ――あるいはポスト・トランプ――のアメリカが蛮勇を振るってやったとしても、おそらくキューバ危機と同じようなことが起きるでしょう。しかも、アメリカも中国も核保有国ですから、私から見れば絵空事に過ぎません。アメリカの軍人たちが、あれこれ戦略を立てて、まったく後ろ向きの戦争ごっこをしているだけとしか思えないのです。

つまり、彼らには中国相手に実戦をやる気はないということです。にもかかわらず、どうして、やる気もない戦略を発表するのか。それは、それを言うことで抑止力が働くことをむなしく期待しているからでしょう。そうだとしたら、「アメリカも落ちたものだ」と言うしかありません。中国はとっくにそんなアメリカの足元を見ているはずです。

第二次世界大戦までは、世界秩序を根本的に変えるような戦争は、武器を使って物理的な破壊をする実戦でした。そして戦勝国と敗戦国と、はっきりと結果が出ました。しかし、核兵器がここまで発達すれば、大国同士が実戦で勝敗を決めるのは明らかに不可能です。

それに代わって冷戦期に生まれたのが、「抑止力による戦争」です。しかし、今や誰が見ても実行不可能な抑止戦略（たとえばオフショア・コントロール）は、もはや時代遅れの「絵に描いた餅」なのです。

軍事力の時代は終わった――「ハイブリッド戦争」で相手国を転覆させる

戦争の形態が、このように実戦で勝敗がついた時代から、抑止戦略がものを言った――それでソ連は崩壊した――時代に変わり、さらにそれがもはや絵に描いた古びた餅に過ぎないとなった現在、世界史を変える戦争とはどのような戦争でしょうか。

それは軍事力よりも、世論操作などの情報戦を多用する「転覆戦争（ハイブリッド戦争）」です。そもそも戦争は何のためにやるのか。相手国を自国の好みに合った国に変えてしまうことが目的でしょう。つまり相手国の政治体制を変えてしまえばいいという話なのです。

相手に言うことを聞かせるには、もはや相手を破壊することによってではなく、大枚をはたいてミサイルを揃え、相手を威嚇して抑止することでもありません。むしろ相手とは貿易を一生懸命に行って、相手国と握手をして親しくし、インターネットもつないで情報交換しましょうと言って、相手が内側から倒れるのを待つことです。これが唯一可能な「大国間の戦争形態」なのです。そしてこれが一番、効率的な戦争の仕方でもあります。要は、相手に言うことを聞かせればよいのですから。

つまり、秘密裏に、じわじわと工作を進めることです。たとえば二〇一〇年ごろ、世界中が「アラブの春」と呼んで祝福した民主化運動がありました。あれを、アラブの若者が立ち上がって、純粋な気持ちで民主化を求めて行われたと思っていたら、とんでもない話です。

あるいは、リビアの革命は民主革命と言われましたが、カダフィを捕らえて殺したのは誰か、諸説あるのですが、当時はNATO軍がリビアを空爆している最中でした。それゆえ、アメリカの秘密工作員が関わっているのではないかとされ、この工作の推進者がアメリカの外交官だった、という説もあります。それとの関係で、その後リビアのアメリカ大使館が襲われ、件の外交官もベンガジで暗殺されました。この事件は、ヒラリー・クリントンが国務長官の時代に起こっています。

彼女が大統領選挙に立候補したとき、メール事件が明るみに出そうになりましたが、もし公表されていたらアメリカのリビア工作の経緯が明らかになっていたかもしれません。

「アラブの春」には、同じ類の話――つまり外国の工作による政権転覆の事例――がたくさんあります。つまり、「アラブの春」は、「人為的に仕組まれた民主化」だったということです。言い換えると、その大半は単純な民主化革命ではなく、外からの介入による人為的な転覆工作だったという見方が近年力を得ています。

オバマ政権は、ブッシュ親子のように安易に中東に兵隊を出すことはできないので、その代わり、人為的に独裁政権を転覆させ、アメリカ流の「民主化」を図ることで、アメリカの影響が強い、言うことを聞く国にしようとしたのでは、という見方が強まっています。そして、それに対する反発が、現在のＩＳなどの反欧米テロの嵐につながっているのでは、と論じる専門家もいます。

これからの戦争は、このように、平和裏に、相手国の体制を自国に都合のいい体制の国に変える「戦争」、つまり前述の「ハイブリッド戦争」が主流になってくると考えられます。そうすれば、実戦で勝ったのと同じように「勝利」することができるでしょう。

相手がロシアならば、プーチンの独裁体制を変えさせればいいのです。そうすればロシアは再び欧米の友好国になり、戦争に勝ったのと同じ効果が得られます。しかしプーチンは、自らとロシアにそうした脅威が迫っていることをもちろん熟知しているはずです。というのも、今やトランプ政権という「ロシア好み」の米政権が誕生しているのですから。そしてＦＢＩやＣＩＡとトランプの戦いは、プーチン打倒の是非をめぐる戦いでもあるのです。

ではプーチンはこの先、どうやってＦＢＩやＣＩＡに対抗するのか、ハイブリッド戦争の策を練っているはずです。そもそも今回の米大統領選挙でも、トランプに勝たせるために工作し、米メディア相手にいろいろな情報を流し込んで、アメリカの世論を誘導しています。

早い話、日本もまた、太平洋戦争という実戦で負けたあげく、占領下で日本の体制を平和裏に変えられて、あっという間に、アメリカにとって最高の友好国になりました。いわば、日本は、二回戦争に負けたことになるのです。これを専門用語で「戦後日本に対する対日心理戦」といい、その大成果が今日の日米関係ということになるのかもしれません。

中国の未来も同じでしょう。誰が中国を民主化できるのか、そのための対中ハイブリッド戦争はどういうものなのか、これが、これからの世界史の命題になりそうです。

これからは、プロパガンダの戦いになる

ハイブリッド戦争には、もちろん、軍事手段も一部含まれることが普通です。それに各種の情報手段も組み入れて効果を狙う「複合的な戦争」が、これからの戦争です。

私は、以前からこの分野に注目してきましたので、今世界で起きている類似の現象がわかるようになりました。

たとえば二〇一四年、プーチンの決断によってクリミアをロシア軍が占領したのも、明らかにこのハイブリッド戦争の適用例です。

「住民の選択に任せる」と言ってクリミアの住民投票を断行し、その結果を口実にロシアに併合しましたが、クリミアの住民が自発的に立ち上がったものではありません。やはり「アラブの春」と同じように、計画された「仕組まれた民意」だったのです。

また、ロシアに隣接するコーカサス地方の共和国ジョージアは、以前グルジアという名前の国でしたが、ソ連解体後独立し、その後ロシア名の「グルジア」を嫌ってジョージアに変えました。

国際社会の主流に加わりたいと願った国民の総意と言われていますが、私は、二〇〇八年のロシア軍のグルジア侵攻の際に垣間見えた、アメリカによる秘密工作、つまり一種のハイブリッド戦争の結果ではないかと思っています。なお、日本で、国名をジョージアと改める法令が制定されたのは二〇一五年でした。

ウクライナの民主化革命では、みなオレンジ色の旗を立てました。そのため、この民主化運動は「オレンジ革命」と呼ばれました。他に「バラ革命」「パープル革命」など、色で象徴される一連の「民主化」革命を総称して〝カラー革命〟と呼んでいます。

目にははっきり見えませんが、こうした「見えない戦争」こそ新しい世界の潮流であり、現代はこの「見えない戦争」がどんどん増えているのです。

繰り返すようですが、地政学的な大変革があって海の時代は終わり、抑止の時代が終わり、さらに今は、「プロパガンダの戦い」が世界史の主流になっているということです。すなわち、意図的な情報（あるいは偽情報）の流布によって相手国を特定の思想や世論、あるいは体制へ誘導するという、「人の心をめぐる戦い」になっているのです。

中国と対峙できれば、アメリカからも自立できる

ですから、トランプがやろうとしていることは、大変古くさいゲームで、その意図もいわば「見え見え」です。それゆえ中ロや欧州の主要国は真面目にトランプのアメリカを相手にすることはないでしょう。

むしろ各国はこれを機会に、「アメリカなしの世界」をいかに築いていくか、あるいは「アメリカからの自立」をかつてなく真剣に模索しようとしています。

また、今の世界で一人内向きになっているトランプのアメリカを尻目に、「グレイトゲーム」とでも呼ぶべき大地球争奪戦が始まっているのです。それは目に見えないし、軍事力も使いません。しかし人間の心を操って大陸ごと奪うという、「競合する多極化世界」が定着していく時代が来ているのです。

そういう大陸を奪い合うというスケールの、経済と心理の「世界大戦」がこれから始まろうとしているのに、アメリカ内部のことしか見えないトランプのような大統領

が出てきたわけです。アメリカに対抗しようという意図を持った国々は「トランプのアメリカ」の登場で、またとない「チャンス到来」と思っているでしょう。おそらく、中国は「勝負あった」とほくそ笑んでいるはずです。

ですから、私たちがもっとも恐れるべきは、中国がこれをチャンスと捉えて、いっそう勢力を増すのではないかということです。たとえば、トランプのアメリカはせっかく有力な「中国包囲網」となるはずだったTPPを離脱する大統領令を出しました。すると、中国を含めた東アジア諸国だけ、すなわちASEANの一〇カ国に日中韓が加わり、インドやオーストラリア、ニュージーランドも巻き込んで、自由貿易圏を作る話が浮上してきました。これをRCEP（東アジア地域包括的経済連携）と呼んでいますが、そのアジア経済の大きな枠組みが、中国を中心に、アメリカのTPP不参加をバネにして進み始めているのです。

これは、アジア太平洋の諸国にとっては、トランプ大統領率いるアメリカが離脱したので、「アメリカがダメなら、中国に主導してもらおう」という話です。東アジアの国々は、みんなこの話に乗り気になっているようです。ここが、日本との大きな違いです。

トランプが与えた大きな負のインパクトに対して、安倍首相はTPPを必死に守ろうとしています。日本は、他の東アジア諸国に同調するわけにはいきません。なぜならば、日本の生きる道を考えたとき、もっとも大事なことは、アメリカから独立するのと同じ度合いで中国と対峙することだからです。

中国に対しても、毅然として是々非々の立場を貫く、この迫力がなければアメリカから自立することはできません。繰り返しますが、日本は中国としっかり対峙できなければ、アメリカと対等にやりあうこともできないのです。

それが日本という国の宿命であって、中国にきちんと対峙できれば、アメリカからの真の自立も可能になるでしょう。まずはしっかりと財政再建に取り組み、自前の防衛力を堅実に整備していくことが何より大切です。そのようにして、自ら中国ときちんと向き合える力を見せつければ、アメリカも日本の言うことを聞くようになるのです。

今は、実のところ日本は、アメリカ人にとって本音レベルではまったくの「クライアント・ステート（従属国）」にすぎない、という位置づけですから、何を言っても耳を貸すはずはありません。おそらくアメリカ以外の各国も日本のことをそう見ているはずです。ですから、中国に及び腰になったり、中国にすり寄ってしまったりしたら、アメリカに依存してきたこれまでと同様、あるいはもっと惨めなことになるでしょう。結論として、今後、韓国とＡＳＥＡＮ諸国は中国にいっそうすり寄っていくでしょう。しかし、日本は孤高を保って、それこそ聖徳太子の外交よろしく、中国との友好を望みつつも、いざとなったらこの日本列島を枕に討ち死にする覚悟で中国に向き合うべきでしょう。

中国の国内体制を転換させるのは日本の仕事

日本が、中国と対峙しなければならないのは、まず何よりも、現在のところ国としての体制に大きな違いがあるからです。

今の日中関係の問題は大半、中国が共産党の独裁であることに起因しているのですが、たとえば、言論統制を敷いて、ノーベル平和賞受賞者を軟禁する、自国に都合の悪いニュースは国民に届かないようにするなどなど、自由や民主主義の考えが日本人の価値観とかけ離れています。

ですから、日本には、今の中国と同盟を組むという選択肢はあり得ません。しかし、二〇四〇年代の中国が、その国力においてアメリカを凌ぐ超大国となっていることは、ほぼ間違いありません。我々は、この可能性から目をそむけるわけにはいかないのです。この大中国と、永遠に対峙しなければいけないのかと言えば、超長期的な視点から考えれば、必ずしもそうとは限りません。

たとえば、前にお話しした「ハイブリッド戦争」によるのかどうかわかりませんが、何らかの可能性として、中国が民主化して、中国の国内体制を転換させることは長期的には見通し得るところです。

私は、それしか日本の生きる道はないし、ある意味、これ、つまり中国のゆるやかな「民主化への支援」は日本のなすべき仕事だと思っています。そのためには、できるだけ中国との友好関係の維持につとめながら、アメリカなど他の国ともしっかり協力する道を模索すべきでしょう。そのころになると、「トランプ大統領」などは、はるか過去の存在となっていることでしょうから。

ブッシュ親子やオバマ、そしてトランプの下でのアメリカが長期的に衰退への道を加速している今、日本と世界にとって何より大切な課題は、中国を変えることです。トランプのアメリカの将来は見えているのですから。

つまり、古い中華帝国の再浮上をいかに抑え込むか、あるいは、生まれ変わった新しい中国にアジアと世界の原動力になってもらって、それをどう利用するか、日本の一番大切な役割はこのことを考え実行することでしょう。

私は、こうしたアジアと世界の新秩序が実現するのは二〇四〇年前後と考えています。このように長い目で見ることができなければ、目の前の選択もできないことを、日本の政治に携わる人々は銘記していただきたいものです。

今という時代、遠くを見ることなく、先のことなどどうなるのか考えようともせず、足元の対応だけに終始することほど危険なことはありません。間違えてもいいから、大きな将来像という絵を描きながら、その都度、修正を加えつつ、同時に足元の問題も処理していくことが、もっとも合理的で正しい選択のあり方なのです。

いずれにしても、トランプという大統領が誕生したことで、見通しが立てやすくなりました。皮肉ではなく、トランプに感謝したいと思っているくらいです。

というのも、「アメリカなき世界」に備え、アメリカからの自立しか日本の道はないことが、これほど明らかになったのも、まさにトランプのおかげ、と言えるからです。

〈著者プロフィール〉

中西輝政（なかにし・てるまさ）

1947年、大阪府生まれ。京都大学法学部卒業。ケンブリッジ大学歴史学部大学院修了。三重大学助教授、スタンフォード大学客員研究員、静岡県立大学教授、京都大学大学院教授を歴任。2012年に退職し、現在は京都大学名誉教授。専攻は国際政治学、国際関係史、文明史。石橋湛山賞、正論大賞受賞。『大英帝国衰亡史』（毎日出版文化賞・山本七平賞受賞、PHP文庫）、『日本人としてこれだけは知っておきたいこと』（PHP新書）、『帝国としての中国』（東洋経済新報社）、『アメリカ外交の魂』（文春学藝ライブラリー）など著書多数。

アメリカ帝国衰亡論・序説

2017年8月1日　第1刷発行

著　者　中西輝政
発行人　見城 徹
編集人　福島広司

発行所　株式会社 幻冬舎
〒151-0051　東京都渋谷区千駄ヶ谷4-9-7

電話　03(5411)6211(編集)
03(5411)6222(営業)
振替　00120-8-767643
印刷・製本所　株式会社 光邦

検印廃止

ISBN978-4-344-03157-9　C0095
幻冬舎ホームページアドレス　http://www.gentosha.co.jp/

この本に関するご意見・ご感想をメールでお寄せいただく場合は、
comment@gentosha.co.jpまで。